Ser
Bom
Não é ser
Bonzinho

CLÁUDIO THEBAS

Ser Bom *Não é ser* Bonzinho

Como a comunicação não violenta
e a arte do palhaço podem te ajudar
a identificar e expressar as suas
necessidades de maneira clara e autêntica
– e evitar julgamentos, como o deste título

PAIDÓS

Copyright © Cláudio Thebas, 2021
Copyright © Editora Planeta do Brasil, 2021
Todos os direitos reservados.

Preparação: Renata Mello
Revisão: Franciane Batagin, Fernanda Guerriero Antunes e
   Departamento editorial da Editora Planeta
Diagramação: 3Pontos Apoio Editorial
Capa: Roberta Yda Yamamoto / Foresti Design

Dados Internacionais de Catalogação na Publicação (CIP)
Angélica Ilacqua CRB-8/7057

> Thebas, Cláudio
>   Ser bom não é ser bonzinho: como a comunicação não violenta e a arte do palhaço podem te ajudar a identificar e expressar as suas necessidades de maneira clara e autêntica – e evitar julgamentos, como o deste título / Cláudio Thebas. – São Paulo: Planeta, 2021.
>   208 p.
>
>   ISBN 978-65-5535-365-5
>
>   1. Relações humanas   2. Comunicação não violenta   3. Palhaços   4. Autoconhecimento I. Título
>
> 21-1194   CDD 158.2

Índice para catálogo sistemático:
1. Relações humanas

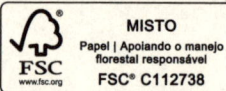 Ao escolher este livro, você está apoiando o manejo responsável das florestas do mundo

2024
Todos os direitos desta edição reservados à
EDITORA PLANETA DO BRASIL LTDA.
Rua Bela Cintra 986 – 4º andar – Consolação
São Paulo – SP – CEP 01415-002
www.planetadelivros.com.br
faleconosco@editoraplaneta.com.br

Sumário

Prefácio por Carolina Nalon 9

Preâmbulo: entre um taxista e um gigante 13

CAPÍTULO 1
Inquietações 17

CAPÍTULO 2
A comunicação não violenta e a arte do palhaço 21

CAPÍTULO 3
A fresta 25

CAPÍTULO 4
Você, seu vizinho e o Exército romano 27

CAPÍTULO 5
Atrás da muralha tem uma pessoa com medo 29

CAPÍTULO 6
Ser pacífico não é ser passivo 34

CAPÍTULO 7
Reagir não é (necessariamente) revidar 38

CAPÍTULO 8
   Sinceridade não é franqueza 41

CAPÍTULO 9
   Compaixão não é complacência 44

CAPÍTULO 10
   Compreender não é concordar 47

CAPÍTULO 11
   Responsabilidade não é culpa 51

CAPÍTULO 12
   Ser bom não é ser bonzinho 55

CAPÍTULO 13
   Escolhas e decisões - a história de Jo Berry e Pat Magee 58

CAPÍTULO 14
   O jogo da sua/minha história 63

CAPÍTULO 15
   Comunicações alienantes da vida 68

CAPÍTULO 16
   Eu, meu filho e as lições das lições de casa 73

CAPÍTULO 17
   Os quatro tempos da comunicação não violenta 77

CAPÍTULO 18
   A escuta 92

CAPÍTULO 19
   As duas partes da comunicação não violenta 98

CAPÍTULO 20
   O julgamento do julgamento 100

CAPÍTULO 21
   Arriscar é preciso 106

CAPÍTULO 22
   O jogo do lobo 114

CAPÍTULO 23
É possível liderar e educar sem fazer exigências?........120

CAPÍTULO 24
Breve introdução à escuta lúdica............................128

CAPÍTULO 25
É preciso juntar as nossas forças amadas...................130

CAPÍTULO 26
O jogo da busca pelo tesouro...............................133

CAPÍTULO 27
A mágica..136

CAPÍTULO 28
A vulnerabilidade e o alfaiate de armaduras................140

CAPÍTULO 29
A história de um liquidificador abandonado pelo pai
(ou: sobre a coragem da vulnerabilidade)...................160

CAPÍTULO 30
Presença aqui e agora e de dentro para fora................167

CAPÍTULO 31
Sempre aparece um cachorro no meio da roda.................172

CAPÍTULO 32
O conflito se escala para baixo............................175

CAPÍTULO 33
Encare a construção da paz como uma arte ou uma
brincadeira..181

CAPÍTULO 34
As palavras condensam universos............................196

CAPÍTULO 35
Truco! Ou: como podem ser surpreendentes os gestos
de amor..198

CAPÍTULO 36
Janelas, frestas, portas, palavras; é preciso correr o risco.......202

Dedico cada palavra aqui escrita à minha mãe, Ignez,
que partiu pouco antes deste livro ser publicado.
Durante toda a minha vida, ela foi a pessoa com
quem tive as conversas mais autênticas,
profundas, difíceis, divertidas e corajosas.
No próximo livro, Mama, vou contar a
história da nossa despedida.

Prefácio

Pense em alguém que você admira muito.

De verdade, pense mesmo! Agora reflita: por que você admira essa pessoa?

Raramente alguém responde à pergunta dizendo: "Admiro essa pessoa porque ela é excelente em fazer planilhas de Excel!". Ou então: "Admiro pois ela fez um MBA incrível!". E, mais raramente, aposto que quem já ganhou um Oscar sequer passou pela sua cabeça.

As pessoas que mais admiramos, em geral, são aquelas que têm habilidades comportamentais que favorecem a conexão humana. Não estamos falando aqui sobre habilidades técnicas, mas sim sobre pessoas que se relacionam bem, que conseguem, genuinamente, fazer outros seres humanos se sentirem valorizados, vistos e queridos.

Nós somos feitos de relações, mas parece que, em determinado momento da história, o bonde começou a descarrilhar. Vivemos em uma sociedade na qual a cultura predominante nos incentiva a ganhar, ganhar e ganhar. E pior: vende-se a ilusão de que é possível, sim, ganhar esse jogo sozinho. Estamos caindo na falácia de buscar o "sucesso pessoal". Mas adivinhe? Com uma reflexão mais calma e verdadeira, podemos perceber que toda a nossa existência é interdependente, e que a felicidade, meus caros, só dá as caras quando sentimos que estamos contribuindo para a vida de outras pessoas.

Estamos falando sobre a alienação para o fato de que só funcionamos bem em comunidade – e, sem essa configuração, ficamos sem propósito e sem interesse na vida. Este livro tem como proposta ser a chave para nos reconectarmos com a nossa escuta interior, para "deixarmos entrar" e estarmos presentes para o que nos acontece.

Conheci o Cláudio Thebas na internet, em uma época que ele fazia, com o sobrinho, uma série de vídeos chamada "Fala que eu não te escuto". Se não conhece, faça uma busca. É intrigante perceber como as pessoas não escutam o que falamos e, nos vídeos, acabam oferecendo dicas para que Thebas e seu sobrinho façam coisas absurdas, como explodir um caixa eletrônico ou sequestrar alguém. Muito está sendo discutido ali sobre escuta, pertencimento, coragem e, claro, humor.

Já trabalhava com comunicação não violenta (CNV) quando comecei a entender que a arte do palhaço tinha muito mais a ver com escuta e presença do que com piadas ou truques ensaiados. Esse tema passou a me interessar, pois, com o tempo, a mensagem de que "temos que ser vencedores" nos persegue por todos os lados. E já não estava mais colando para mim.

Eu soube que gostaria que ele fosse o meu professor quando o ouvi falar que a arte dos palhaços tem a ver com a prática de perder, mesmo quando todos almejam vencer. E foi assim que fiz o meu primeiro curso de palhaço. Foi uma semana intensa, profunda e de muitas revelações. Aprendi que o palhaço não exercita somente a arte da escuta, mas também a arte de se deixar ver, afinal, o nariz de palhaço, a menor máscara do mundo, foi justamente feita para revelar tudo o que a gente é.

Então, adivinhe? Se olhamos para um palhaço e o achamos ridículo, não é por ele realmente ser, mas sim por nos vermos nele, enxergando o nosso próprio ridículo e sentindo… alívio! Ali está um indivíduo que tenta, a todo custo, ser tão incrível como todos os outros personagens super-humanos do circo, mas não consegue. Uma analogia que podemos fazer refere-se a quando tentamos caber e pertencer a um bocado de padrões muito loucos que sei lá quem inventou.

E é óbvio que isso tem a ver com a comunicação não violenta! Sério! Somente alguém como o Thebas é capaz de se sentir apreensivo para escrever um livro que falasse sobre palhaços e CNV, pois só quem é mestre tem cuidado e se preocupa em tratar com profundidade temas que mexem com a alma humana. Mas, veja, a comunicação não violenta foi sistematizada por Marshall Bertram Rosenberg (1934-2015) e, basicamente, estudava pessoas que são como… o Thebas!

Verdade.

Marshall não ficou em sua mesa pensando quais eram as regras que os humanos precisavam seguir para ter uma comunicação eficaz. Ele não elaborou os "quatro tempos", metodologia adaptada aqui nesta obra, apenas pensando sobre ela. Não. Ele reparava no que faziam as pessoas que eram boas em gerar conexões, e tentou traduzir isso em aprendizados.

Se você encarar a CNV apenas como uma técnica e não internalizar em si mesmo tudo o que a situação pede de você, grandes são as chances de não conseguir se conectar com ninguém, mesmo sendo diligente com a técnica. E nós precisamos disso, de mais gente disposta a escutar de verdade e menos gente querendo aplicar técnicas.

Estou muito feliz que o Thebas aceitou o convite para escrever este livro! Ele traz nesta obra distinções importantes de conceitos do campo da escuta, jogos que todos nós podemos testar para sentir a CNV na prática e, ainda mais interessante: ele compartilha histórias humanas e emocionantes com o leitor.

Assim, caro leitor, desejo que você faça uma boa leitura, tenha conversas melhores e possa também se divertir no caminho!

Com carinho,

CAROLINA NALON
Mediadora de conflitos, palhaça e eterna
aprendiz da comunicação não violenta

Preâmbulo: entre um taxista e um gigante

Esta história aconteceu há mais ou menos vinte anos: eu estava a bordo do meu Chevette, *véio* de guerra, tentando contornar a praça Vilaboim, aqui em São Paulo, mas o trânsito intenso impedia que eu virasse à esquerda, único sentido possível. Atrás de mim, um taxista inconformado com os meus quinze segundos de demora começou a buzinar impacientemente. Aqueles sons, no entanto, além de não possuírem o poder de fazer o tráfego fluir, ainda produziam o efeito colateral de me deixar cada vez mais nervoso. As buzinadas foram se intensificando rapidamente, e, como não surtiram efeito, o taxista passou a me xingar aos berros. Lembro-me de começar a suar de aflição. Após alguns segundos de suplício, consegui, imprudentemente, colocar a frente do carro uns centímetros adiante, criando espaço suficiente para que o táxi me cortasse pela esquerda, quase subindo na calçada. Ao emparelhar comigo, em um breve e eterno instante, o motorista se detêve para me xingar mais e mais alto, com os olhos esbugalhados e fazendo gestos obscenos.

Fiquei desestruturado. As mãos e as pernas tremiam tanto que tive dificuldade de apertar o pedal da embreagem. Só bem mais tarde, já em casa, entendi que a tremedeira tinha um nome: medo. A violência foi tamanha e tão gratuita que temi levar um tiro. Mas ali, enquanto a cena se desenrolava, eu não conseguia ter clareza de nada. Apenas observei, paralisado, o motorista passar por mim e estacionar logo ali, a 30 metros de distância, onde ficava o seu ponto de táxi. Eu o vi descer sem demonstrar pressa ou urgência e caminhar calmamente até o centro da praça para se encontrar com outros taxistas. Assim que consegui romper o momento de congelamento que me aprisionava, entrei na famigerada avenida e fui tomado pelo impulso incontrolável de falar com aquela pessoa. Sem ter consciência de por que fazia aquilo, me aproximei do meio-fio, parei o carro e abaixei o vidro. As pernas ainda tremiam e o coração explodia no peito. Quando o homem me viu, partiu em minha direção, bufando como um gladiador indo para o centro da arena. Ele era magro, mas, aumentado pelo meu medo, parecia um gigante. A partir daí, tudo acontece muito rápido. Ele se aproxima da minha janela, mas antes que fale qualquer coisa, tiro as mãos do volante permitindo que ele veja como estou tremendo. Essa ação cria um fiapo de instante que o desarma. Aproveito a brecha para falar e a minha voz sai estranhamente calma para quem está chacoalhando daquele jeito: "Olha o estado em que estado estou, meu amigo. Nem sei direito por que parei aqui. Meu dia foi difícil e, de repente, sou xingado por um estranho. Não tive a intenção de atrasar o seu caminho ou prejudicar você. Nem te conheço. Eu só não estava conseguindo entrar na avenida".

Neste momento, acontece algo totalmente imprevisível: como em um passe de mágica, vejo o gigante virar gente. Os olhos perdem a fúria e a tensão do rosto é substituída por uma expressão que me parece ser de alívio. Reparo que ele tem rugas profundas que percorrem sua face de cima a baixo. É velho e me parece cansado. Sem dizer uma única palavra, ele encosta a testa no alto da minha janela e, para meu espanto, começa a chorar. Um choro de balançar os ombros. Fico em silêncio. A cena em close na minha janela me emociona. O medo do gigante dá lugar à compaixão pelo homem. Enquanto enxuga as lágrimas com as mãos e os ombros, ele me diz:

"Me desculpe, meu amigo, me desculpe. Você sabe, São Paulo enlouquece a gente".

Pergunto, então, se ele passa muitas horas no trânsito, e ele responde:

"O dia todo! O dia todo há mais de trinta anos. Isso não é vida".

Incontidamente, as lágrimas que descem pelo seu rosto deságuam, como afluentes, em um rio de palavras: a rotina de trabalhar cada vez mais para ganhar cada vez menos, as contas a pagar, o orgulho de pagar a faculdade dos filhos, o medo de adoecer e não poder trabalhar, o cansaço... muito cansaço.

"O que a gente vai fazer quando não aguentar mais trabalhar?"

Balanço a cabeça, querendo dizer que o entendo.

"Eu tenho o mesmo medo. Sou palhaço e não sei se vou me aposentar um dia."

Normalmente, quando conto que sou palhaço, as pessoas fazem algum comentário. O homem não fala nada a respeito.

"Vem tomar uma cerveja aqui com a gente qualquer hora. Todo fim de tarde a gente toma umas ali", diz ele apontando para o outro lado da rua.

"Opa!", exclamo. "Falou em cerveja, falou comigo."

Acho que rimos nessa hora. Eu ligo o carro, agradeço por termos conseguido conversar, nos despedimos e sigo o meu caminho. Durante muito tempo, achei mesmo que iria arranjar um tempinho para tomar uma cerveja com ele. Mas nunca mais o vi. Você sabe, São Paulo enlouquece a gente.

1 | Inquietações

Quando a editora me convidou para escrever este livro sobre comunicação não violenta a partir do meu olhar de educador e palhaço, fui tomado por inúmeros sentimentos intensos e conflitantes. A primeira sensação foi de euforia. O convite vinha muito ao encontro das investigações que tenho feito acerca do entrelaçamento e da complementaridade entre a linguagem do palhaço (profissão que exerço há quase vinte e cinco anos) e a comunicação não violenta. Cheguei em casa feliz da vida e comemorei com a minha esposa tomando um vinho. No entanto, assim que fui para a cama e botei a cabeça no travesseiro, a euforia foi se transformando em angústia. Seria legítimo escrever este livro? Entendo tanto assim de comunicação não violenta? E as encrencas em que vez ou outra acabo me envolvendo? Quantas vezes na minha vida já explodi, despejando sobre os outros afetos que não tinham nada a ver com eles, exatamente como o motorista de táxi fez comigo? Quantas vezes fui o "gigante enfurecido" com filhos, enteadas, esposa, amigos, parceiros de trabalho?

Assim como uma andorinha não faz verão, uma inquietação não faz insônia: passei boa parte da noite frente a frente com meu *ditadorzinho* interno, que adora distribuir ordens e sentenças, percebendo o quanto este pequeno ditador (será tão pequeno assim?) exerce poder sobre meus atos. Fui também visitado pela memória das recentes discussões bem pouco amistosas em que me envolvi por conta das eleições de 2018. Um amigo querido me disse que naquele ano não houve Natal em sua casa, mas sim Dia das Bruxas. Por aqui confesso que também houve menos doçura e mais travessura nas conversas familiares. Essas lembranças noturnas abriram a porta para várias perguntas e incertezas: o que eu queria dizer neste livro? Quais exemplos eu poderia passar? Lembrei da célebre história em que uma mulher pede a Gandhi que ele aconselhe seu filho pequeno a não comer mais açúcar.[1] Surpreso com o pedido, ele pensa uns instantes e pede que ela retorne com a criança dali a duas semanas. Passado esse período, batem na sua porta e lá está a mulher com a criança. Gandhi então se abaixa, olha o menininho nos olhos e diz: "Filho, você não devia continuar comendo açúcar. Faz muito mal para a saúde, está bem?". A mãe não se conforma com aquilo. "Por que você nos fez esperar duas semanas para dar o conselho?" E ele responde: "Porque duas semanas atrás eu ainda comia açúcar".

Admito que a crise "escrevo/não escrevo" se dissipou com a noite, e sei que isso só aconteceu porque me permiti acolher, hospedar e conversar com os desagradáveis visitantes noturnos. Levantei-me mais tranquilo e – como você já percebeu – decidido a aceitar o desafio. Saí da cama menos especialista, mais aprendiz e mais humano.

---

1. COELHO, P. De ensinar. **G1**, 23 jan. 2009. Disponível em: http://g1.globo.com/platb/paulocoelho/2009/01/23/de-ensinar/. Acesso em: 03 mar. 2021.

A comunicação não violenta e a arte do palhaço, linguagens que vou abordar aqui, não são fórmulas mágicas que transformam nosso jeito de nos relacionar em um piscar de olhos. Autoconhecimento e relacionamento humano são processos construídos ao longo de uma vida. A gente devia ter uma plaquinha no peito: "Desculpem-me pelo transtorno, estamos em obras para melhor atendê-los". Essa é a beleza da coisa. O movimento.

A travessia da aflição noturna me fez compreender que minhas dúvidas e inquietações não me pediam para que eu negasse o convite, mas sim que as levasse em consideração na hora de escrever este livro. Foi o que procurei fazer. Escrevi de mãos dadas com as minhas imperfeições e incertezas. Reconheço que, infelizmente, ainda consumo mais do que gostaria do açúcar da violência, mas justamente por isso venho construindo um amplo repertório de tentativas de uma boa dieta. Teorias e práticas que venho colecionando. Há mais de trinta anos investigo a escuta e a conexão humana com crianças e adultos em espaços que se convencionou chamar de aula, mas que sempre chamei de encontros. Este livro é a partilha desse repertório por meio de histórias como as do taxista, alguma teoria aprendida e construída, alguns jogos que acredito que possam ajudar a iluminar certos conceitos e reflexões sobre o que considero o entrelaçamento entre a comunicação não violenta e a linguagem do palhaço.

Na época do encontro com o motorista de táxi, eu ainda não conhecia a CNV, mas já era palhaço e sei que isso me ajudou a agir daquela maneira. Mas, honestamente? No momento em que tudo aconteceu, nem pensei no que estava fazendo. Apenas me afetei e fui movido por uma força muito poderosa que brotou lá de dentro sem que eu tivesse consciência: a intenção genuína de não violência. Acredito que essa pode ter sido a razão pela qual você tenha adquirido este livro: o desejo de construir relações mais harmônicas, autênticas, íntegras e, por isso, saudáveis.

    Espero que este conteúdo possa inspirar você nesse sentido, e que daqui a alguns meses, quando o livro estiver em suas mãos, eu esteja comendo menos açúcar.

2 | A comunicação não violenta e a arte do palhaço

A menos que você seja do *métier*, é pouco provável que, algum dia, você tenha associado o trabalho do palhaço a assuntos que investigo há tanto tempo, como escuta, diálogo e conexão humana. No entanto, sobretudo quando falamos de palhaços que atuam em relação direta e verdadeira com a plateia, como palhaços de hospital, por exemplo, a escuta é tão essencial quanto uma bola para um jogador de futebol. Wellington Nogueira,[2] fundador do Doutores da Alegria, diz que "o palhaço é a única pessoa para quem a criança hospitalizada pode falar não". Isso é um fato e um aprendizado sobre escuta.

Ela não pode falar não para o médico, para os enfermeiros, para o pessoal da limpeza. Não pode recusar o tubo, a injeção... mas pode falar não para o palhaço que aparece na porta. E se ele

---

2. Doutores da Alegria. Direção: Mara Mourão. Brasil: Mamo Filmes e Grifa Mixer, 2004. DVD (96 min).

for um bom palhaço, prontamente aceitará a sua negativa. Palhaços são intrinsecamente escutadores de necessidades. Quando o palhaço aceita e atende a negativa da criança, cria-se um vínculo profundo entre eles porque, enquanto os outros personagens dessa história têm que escutar as necessidades do paciente, ele pode escutar as necessidades da pessoa que está paciente. Ao não entrar no quarto, o palhaço abre uma fresta no coração da criança. Parafraseando Fernando Pessoa, se o poeta é um fingidor, o palhaço é um buscador.[3] De si, do outro, de si no outro, do outro em si. Trabalhamos a vida toda em busca de um estado de integridade que nos permita conectar com o outro de maneira mais autêntica, mais humana, despida de tudo aquilo que julgamos necessário para sermos merecedores de receber amor.

Marshall Rosenberg[4] diz que a CNV "nos ajuda a pensar e expressar o que está vivo em nós e a enxergar o que está vivo nos outros". Essa definição caberia perfeitamente em um livro de palhaços como explicação do nosso ofício. Marshall era palhaço e não sabia.

Dou aulas de palhaço há cerca de quinze anos, e não à toa que, sempre que encerro um curso, algum aluno me procura, dizendo: "Na oficina você trabalhou com comunicação não violenta, né?". No início, eu respondia: "Não, não trabalhei, não". Alguns anos depois, passei a investigar o que era aquilo que meus alunos falavam que eu fazia e eu mesmo não sabia. Passei, então, a responder: "Talvez, um pouco". Hoje, mais consciente e apropriado do meu repertório, eu digo: "Trabalhei, sim, mas

---

3. O autor faz referência ao poema "Autopsicografia", de Fernando Pessoa, publicado em 1932 e disponível em: http://arquivopessoa.net/textos/4234.

4. Marshall Bertram Rosenberg, psicólogo e autor norte-americano, nasceu em 1934 em Ohio e sistematizou o método comunicativo amplamente conhecido como comunicação não violenta.

do meu jeito". Do meu jeito quer dizer que, de maneira tonta, tortuosa e pessoal, procuro ajudar os aprendizes a expressarem genuinamente o que está vivo neles. Isso implica que todos na sala de pesquisa se dediquem a investigar algumas habilidades fundamentais, comuns à arte do palhaço e à comunicação não violenta. Ao longo do livro, vou aprofundar o olhar sobre elas:

- a escuta;
- a vulnerabilidade;
- o estado de presença no aqui e agora.

Como tudo que é abstrato, esses três conceitos precisam ser compreendidos como *gestos em ação* para não virarem apenas palavras bonitas e edificantes nos livros, apostilas e palestras motivacionais. Nesse sentido, ao longo da obra, esses temas serão abordados como conceito-ações. Marshall Rosenberg diz que enquanto desenvolvia a CNV chegou à conclusão de que "o amor não é algo que sentimos, mas que manifestamos, fazemos, oferecemos".[5] Esse é exatamente o estado com o qual o palhaço se relaciona com o mundo: sentir-fazendo, pensar-agindo. Presença e ação. Infinitivo e gerúndio.

Voltando mais uma vez à cena do encontro com o taxista, o que posso ter *manifestado, feito ou oferecido* ao motorista para que o evento na praça tivesse o desfecho pacífico que teve? Decupando a cena, observo um primeiro comportamento que certamente foi decisivo no desenrolar dos fatos: eu baixei o vidro do carro e me apresentei vulnerável ao mostrar como as minhas mãos tremiam. Isso desarmou o gigante e criou condições para que a minha fala

---

5. ROSENBERG, M. **Vivendo a comunicação não violenta**. Rio de Janeiro: Sextante, 2019.

soasse tranquila. A ação seguinte foi igualmente determinante: eu não falei dele, do taxista. Eu não o acusei, culpei, critiquei, nem lhe vesti com adjetivos. Eu falei de mim. Do meu tremor, do meu dia, das minhas intenções.

Certamente não agi assim porque sou um ser iluminado e vivo cercado de passarinhos cantando a minha volta – o que seria insuportável, aliás. Parte do meu comportamento se deve ao bom, velho e inexplicável "sei lá". Outra parte credito à minha formação familiar, bastante avessa à violência. Mas preciso também considerar um fato que julgo ter sido determinante para que eu tenha agido como agi: como disse no capítulo anterior, nessa época já estava estudando palhaço e o que o aprendiz mais escuta do seu mestre é: "Deixa entrar!". Isso quer dizer que o palhaço não deve reagir de imediato, tipo "bateu, levou". Ele "deixa entrar" para que sua reação seja a expressão de como o mundo o afeta, e não de como ele finge não afetar. Mais adiante, no capítulo sobre vulnerabilidade, vamos ver que "deixar entrar" não tem nada a ver com passividade. Ao contrário, trata-se de uma postura ativa, de abertura – e, por isso, de coragem – que minimiza os efeitos colaterais causados pela falsa pretensão de não sermos afetados por tudo que chega até nós.

Acredito ser essa a melhor definição do entrelaçamento entre a arte do palhaço – tal qual eu a compreendo – e a comunicação não violenta: ambas as linguagens nos permitem perceber que o mundo nos afeta e que é preciso "deixar entrar" para que entremos em contato com nós mesmos, nos reconheçamos, percebamos o que estamos sentindo, e consigamos expressar o que precisamos do fundo do coração, aqui e agora.

3 | A fresta

Em 2017, o palhaço Arthur Toyoshima foi o representante brasileiro da expedição dos Palhaços Sem Fronteiras ao Sudão do Sul, país recém-nascido do conflito armado e que ainda vive uma guerra civil, resquícios da colonização e da exploração interminável do continente africano. Após uma das apresentações, para cerca de sete mil pessoas em um dos campos de refugiados do povo Nuer, Arthur viveu uma experiência muito especial:

> Depois da apresentação, quando as pessoas voltavam para suas "casas", eu me deparei com um muro feito de telhas que separava a escola. Nesse muro tinha um buraquinho e notei alguns olhinhos me olhando. Eu me aproximei e eles se assustaram. Coloquei, então, meu dedo pelo buraco, e alguém do outro lado conectou-se, tocando-o. Depois, coloquei dois dedos e alguém conectou seus dedinhos aos meus. Tirei meus dedos e esperei... Foi então que veio um dedinho e fui eu que me conectei a ele. O que acho lindo dessa história é a reafirmação de que mesmo quando barreiras parecem

impedir de nos comunicarmos, aqueles que de alguma forma querem entrar em contato sempre descobrem uma maneira de conseguir. Quando muros nos separam, um pequeno buraco pode ser a porta para a conexão.[6]

O dedo que atravessa o muro pela fresta
é dedo de gente.
O dedo que se conecta ao dedo
que atravessa o muro pela fresta
é dedo de gente.
Não é dedo branco
Não é dedo preto
Não é dedo cristão
Não é dedo pagão
Não é dedo rico
Não é dedo pobre
É dedo sem gênero
Esse dedo sem-nome
É gente o que resta
Na ponta do dedo
Que encontra outro dedo
de gente na fresta.

---

6. Texto obtido em relato de Arthur Toyoshima, fundador da ONG Palhaços Sem Fronteiras Brasil. Disponível em: http://palhacossemfronteiras.org.br/. Acesso em: 09 mar. 2021.

4 | Você, seu vizinho e o Exército romano

O palhaço sai do Brasil, vai para o remoto Sudão do Sul, apresenta-se para mais de sete mil refugiados e, no entanto, o momento que o marca verdadeiramente acontece depois do show: dois olhos de criança num buraquinho no muro. A sensibilidade do seu olhar soa como um estalo de dedos para nos acordar de um estado de hipnose ou de ilusão: o grande espetáculo não acontece no palco, provavelmente não terá testemunhas, nem plateia, nem aplausos. Não é feito para o outro porque acontece com outro, no momento sempre único do encontro. E do que são feitas as nossas vidas senão de extraordinários, pequenos e únicos encontros? Acho pouco provável que você participe de uma expedição de paz ao Sudão do Sul, como o palhaço Arthur, ou que faça a mediação de conflitos entre grupos rivais em Serra Leoa, como Marshall Rosenberg. Nossos conflitos são cotidianos, banais, feitos da miudeza diária que nos torna humanos ou nos retorna à nossa humanidade.

"Minha vida é constituída 99% de banalidades", conta o escritor Antonio Prata, "eu não acordo de manhã e me caso com a Scarlett Johansson, ou vou almoçar na Lua e invado a Polônia na hora do jantar."[7]

Nossos pequenos campos de batalha são o escritório, a sala de casa, a festa de aniversário, o réveillon, a reunião com o gerente. Nosso dia a dia não é feito de embates com o Exército romano, mas com o gestor de vendas, o síndico, a cunhada, o marido e, claro, com nossos filhos, cuja resistência para ajudar com a louça faria o Exército romano ter saudades dos bárbaros.

O nosso pequeno e extraordinário desafio é cruzar o muro que construímos entre as nossas relações cotidianas. A experiência vivida pelo palhaço brasileiro no Sudão do Sul nos lembra, de maneira simples e poética, que, por trás das barreiras que nos separam, existe uma pessoa de cada lado. Por trás das palavras *chefe*, *doutor*, *vizinho*, *cunhada*, *sogro* e *sogra* tem uma pessoa. Por trás dos nomes Ricardo, Maria, José, Antonieta, Almeida, Da Silva; por trás das barreiras culturais, sociais, antropológicas, étnicas, religiosas; por trás dos traumas, dos sustos, dos medos, dos credos e cruzes-credos; por trás das vestes, das ideias, dos ideais; por trás de tudo, além de tudo e antes de tudo, tem uma pessoa.

Se existem muros, também existem frestas. E por elas podemos passar nossos dedos.

---

7. *Infância e memória*, com Antônio Prata. 2017. Vídeo (1h37min58s). Publicado pelo canal Instituto Cpfl. Disponível em: https://www.youtube.com/watch?v=yM2z7bjMnco. Acesso em: 09 mar. 2021.

5 | Atrás da muralha tem uma pessoa com medo

O modelo ultracompetitivo da nossa sociedade nos impõe uma educação que nos prepara menos para o convívio e mais para o combate. Somos treinados desde cedo para estarmos sempre alertas, em constante estado de competição, "com a faca nos dentes" como se costuma dizer, expressão que remete à terrível imagem do soldado no campo de batalha se arrastando em direção ao inimigo, literalmente "armado até os dentes". O custo de viver assim é alto. Cada vez que nos postamos diante do outro como se ele fosse um oponente a ser abatido, nos afastamos da nossa humanidade e do nosso estado original de amor e compaixão. Só é possível abater o outro se conseguirmos desumanizá-lo, mas, para isso, é preciso nos desumanizarmos primeiro.

Durante o treinamento para a guerra do Vietnã, os jovens soldados americanos chamavam os bonecos nos quais enfiavam suas baionetas de *gooks*, *dinks* ou *slopes*, nomes pejorativos que os associavam a animais. Essas denominações já haviam sido empregadas antes em batalhas na Guatemala, Coreia e na Segunda Guerra Mundial contra os japoneses. John Musgrave, ex-combatente americano no Vietnã do Sul, conta que matou apenas um ser humano durante a guerra e completa:

> Depois daquilo, eu fiquei doente de remorso, achei que fosse enlouquecer. Eu não suportaria mais treze meses assassinando pessoas. Mas depois de perder um amigo por causa de uma mina terrestre, fiz um pacto com o diabo: disse que nunca mais mataria um único ser humano, mas me comprometi a acabar com a maior quantidade de *gooks* que pudesse encontrar. *Gooks* não eram pessoas. Eu não estaria matando ninguém. É isso que se ensina ao jovem soldado: a transformar o sujeito em objeto. No entanto, é uma ferramenta muito necessária. Quando se tem crianças lutando as suas guerras, isso permite que elas não enlouqueçam.[8]

Quase trinta anos antes da desventura americana contra os *gooks* do Vietnã do Norte, Joseph Goebbels,[9] ministro da comunicação do Terceiro Reich, criou a terrível estratégia da chuva de fotos: aviões da Luftwaffe, força aérea nazista, despejavam sobre as trincheiras dos soldados inimigos fotos dos soldados alemães com as suas famílias e cartas a eles enviadas por esposas, pais e filhos. O propósito era claro: ao se deparar com a humanidade do

---

8. A Guerra do Vietnã. Direção: Ken Burns e Lynn Novick. Temporada 1, episódio 5. EUA, 2017. Vídeo (1.020 min). Disponível em: www.netflix.com.br. Acesso em: 09 mar. 2021.
9. Joseph Goebbels foi ministro da Propaganda na Alemanha Nazista e um assíduo apoiador de Adolf Hitler, ficando conhecido por suas capacidades oratórias, profundo e fanático antissemitismo e por sua crença na conspiração internacional judaica, culminando no apoio e extermínio de judeus no Holocausto. Disponível em: https://brasilescola.uol.com.br/biografia/joseph-goebbels.htm. Acesso em: 09 mar. 2021.

inimigo, o soldado entrincheirado se defrontava com a própria, e isso enfraquecia sua vontade de lutar.

Na "Escola do Mundo ao Contrário",[10] em que somos adestrados a entrar em combate com o outro a todo instante, nós também não podemos reconhecer que esse outro tão presente e tão próximo é alguém que "recebe cartas", que tem amores, pais e filhos. Temos que demonizá-lo para desumanizá-lo. E provavelmente ele foi educado (leia-se: induzido) a fazer o mesmo em relação a nós.

A consequência desse quadro de aversão e enfrentamento é que crescemos aprendendo a vestir e polir armaduras, mas não a cuidar do combatente que foi parar no interior delas. E sem que a gente perceba, lá vamos nós carregando sacolas com espadas, arcos, flechas, carros, cargos, títulos, sem nos dar conta de que tanta proteção é só ração para alimentar nossos medos. Quanto mais nos protegemos, mais desprotegidos nos sentimos e mais entranhados na violência diária ficamos. Quanta energia nós desperdiçamos para carregar tanto peso e quanta energia pouparíamos se cuidássemos mais de nós mesmos? Olhar para si não implicaria necessariamente carregar menos sacolas, mas nos ajudaria ao menos a discernir o que dentro delas é utensílio e o que já se tornou empecilho para continuarmos caminhando.

Falarei muitas vezes neste livro da grande contribuição da educação que tivemos para a *desescutação* dos nossos sentimentos, emoções e necessidades. Nas "escolas fortes" que nos preparam para "enfrentar a vida" – considerando como vida o mercado de trabalho –, essas coisas sempre foram tidas como desperdício de tempo.

---

10. Termo utilizado pelo escritor uruguaio Eduardo Galeano para descrever os absurdos da nossa sociedade. Cf. GALEANO, E. **De pernas pro ar**. São Paulo: Editora L&PM, 2009.

Só muito recentemente, quando o mesmo mercado de trabalho percebeu que "pessoas felizes" poderiam produzir mais, essas mesmas escolas passaram a dedicar um olhar mais atento ao que se convencionou chamar de habilidades socioemocionais. Quantas vezes no colégio tivemos a real oportunidade de refletir sobre nossos sentimentos? A identificá-los, nomeá-los, acolhê-los?

"Toda violência é a expressão trágica de uma necessidade não atendida",[11] nos ensina Marshall Rosenberg. Você se lembra de alguma vez em que a escola tenha possibilitado refletir sobre quais seriam as suas necessidades profundas por baixo das suas *expressões trágicas* ou por trás daquilo que simplesmente não se encaixava no "bom comportamento" padrão? Se sua resposta é sim, saiba que você é uma ave rara. Comportamentos considerados desviantes até hoje costumam ser tratados na base da advertência e da suspensão.[12]

Como o ato de educar sempre se tratou de castigar ou recompensar comportamentos, crescemos reproduzindo e ajudando a perpetuar o modelo PP de educação: Prêmio ou Punição. Citando Paulo Freire – que, aliás, foi um dos grandes inspiradores de Marshall Rosenberg –, "quando a educação não é libertadora, o sonho do oprimido é ser o opressor".[13]

---

11. ROSENBERG, M. **Comunicação não-violenta.** São Paulo: Ágora, 2006.
12. Fui suspenso nove vezes no terceiro ano do colegial, atual Ensino Médio. Boa parte das suspensões foi por causa de uma brincadeira que inventei e que se tornaria uma experiência social anos mais tarde: a série "Fala que eu não te escuto", disponibilizada no YouTube. O sucesso do experimento acabou me conduzindo ao TEDxJardimBotânico, produzido no Rio de Janeiro. Conto esse fato para reforçar a necessidade de transformarmos a nossa educação. Disponível em: https://www.youtube.com/watch?v=7lrmapp8gRg&t=58s. Acesso em: 10 mar. 2021.
13. CARLA, Maria. "Quando a educação não é libertadora, o sonho do oprimido é ser o opressor". **SinproDF**, 19 set. 2021. Disponível em: https://www.sinprodf.org.br/quando-a-educacao-nao-e-libertadora-o-sonho-do-oprimido--e-ser-o-opressor/. Acesso em: 11 abr. 2021.

A libertação, no contexto deste livro, é dos padrões de convivência tão solidamente edificados sobre conceitos e categorias de certo ou errado, bonito ou feio, justo ou injusto, que transformam nossa vida em um grande tribunal em que ora somos juízes, ora somos os réus.

Como acredito que tudo tem um lado positivo, a coisa boa desse quadro de deseducação para o acolhimento de nós mesmos é que isso nos oferece um ótimo motivo para olharmos empaticamente para os outros: eles também não foram educados a compreender o que sentem nem a entender o que precisam. Provavelmente há um combatente muito malcuidado lá dentro, e a sua violência – assim como a nossa – é um pedido de socorro. Talvez possamos nos ajudar mutuamente.

6 | Ser pacífico não é ser passivo

Desatar os laços que conectam alguns conceitos com significados próximos, mas distintos, pode ser um bom começo para conseguirmos separar a comunicação da violência. Iniciamos neste capítulo uma breve viagem poético etimológica:

> Pacífico, do latim *pacificus*, "o que traz a paz", do latim *pax*. Passivo, do latim *passivus*, "capaz de sentir ou sofrer", de *pass-*, da raiz de *pati*, "sofrer, aguentar, sentir". O sentido de "não ativo" surgiu ao redor do século XV.[14]

Etimologicamente, ser pacífico é trazer a paz. Mas como trazer a paz se fomos educados desde cedo para a guerra? Missão complicada essa. Sabemos que aprendemos pouco com o que nos dizem e muito com a maneira como se comportam a

---

14. Pacífico. **Origem da Palavra**, 2018. Disponível em: https://origemdapalavra.com.br/palavras/pacifico/. Acesso em: 10 mar. 2021.
Passivo. **Origem da Palavra**, 2011. Disponível em: https://origemdapalavra.com.br/palavras/passivo/. Acesso em: 10 mar. 2021.

nossa volta. E, bem... a forma como costumavam se comportar a nossa volta não batia muito com o que nos falavam. Nos disseram que deveríamos amar o próximo como a nós mesmos, mas todos se comportavam como se devêssemos amar o próximo contanto que ele fosse... nós mesmos. Uma réplica de nós, ou pelo menos alguém bem parecido, tipo assim, uma extensão de nossas maravilhosas pessoas. E sempre que o próximo parecia meio estranho, meio diferente, meio... meio o outro: perigo total! "Não fale com estranhos!" Papai, mamãe, titio, titia, professor, professora, vizinha, filmes, novelas e jornal da televisão passaram a vida toda nos alertando de que ele é uma ameaça! "Mantenha o próximo distante!", nos diziam! "Temos que nos precaver, nos prevenir!" E então, passamos desde bem cedo a tomar vacina para ficarmos imunes. E, lá iam nossos anticorpos atacar o estranho invasor.

Lembro-me da história da menininha e da bruxa. A criança, assustada, chama o pai no seu quarto e, chorando, lhe diz que tem uma bruxa no guarda-roupa. O pai, heroico, abre o armário, mexe os braços como se estivesse batendo em alguém lá dentro e, para completar, faz a trilha sonora com a boca: *Pá! Pá! Pá!* E então se vira para a filha, deitada na cama, e diz: "Pronto, filha. Papai bateu na bruxa e ela foi embora".

Vi uma cena muito parecida em uma festa. Uma criança deu uma bela topada no pé da mesa e começou a chorar aos berros. O que o pai fez? Foi até a mesa e bateu nela: "Toma, mesa malvada, toma! Nunca mais faça isso com meu filho!".

Essas duas histórias nos mostram que aprendemos desde muito cedo que, para estarmos em segurança, temos que expulsar as "bruxas do armário", e que, para termos justiça – como no caso da topada –, a melhor estratégia é a vingança. Eduardo Galeano nos adverte sabiamente sobre isso: "Em um mundo que prefere a segurança à justiça, há cada vez mais gente que aplaude o sacrifício da justiça no altar da segurança".[15]

E se, em vez de bater e expulsar a bruxa, o pai propusesse um papo entre ambas, para que a filha fosse aprendendo a lidar e a dialogar com o estranho, com o diferente, com as adversidades, com seus medos?

"Oi, dona Bruxa. Boa-noite. A senhora não está muito apertada aí no armário, entre as calças e as camisas?" Na cama, a criança olhando com distância confortável. "A minha filha está com medo da senhora, dona Bruxa. Filha, conta para a Bruxa por que você está com medo dela. Pode falar aí da cama que ela escuta."

A comunicação não violenta é um processo colaborativo de escuta das bruxas que vivem em nós, nos outros e à nossa volta. Um movimento de aproximação entre estranhos: o eu estranho, o estranho que há em mim, o outro estranho, e o estranho que há no outro. É uma busca genuína de acolhimento por aquilo que nem sabemos que não sabemos. Uma procura curiosa por significado e compreensão.

Como tudo o que desafia os padrões aos quais estamos habituados, é natural que a CNV cause algum estranhamento. A violência nos é tão íntima que nem a percebemos mais em nossas palavras e gestos. Apenas agimos automaticamente sem nem imaginar que existem outras maneiras de reagir, que não o revidar, para estancar a violência que julgamos ter sofrido.

Nossos avós foram educados para se relacionarem e comunicarem desse jeito defensivo/agressivo. Ensinaram nossos pais a se relacionarem desse jeito, que, por sua vez, nos ensinaram a mesma prática. Como sempre foi assim, acreditamos que sempre é assim que será. Escrevo e percebo que essa última frase parece

---

15. GALEANO, E. **De pernas pro ar.** São Paulo: Editora L&PM, 2009.

um trava-línguas: "Como sempre foi assim, acreditamos que sempre é assim que será". Repita três vezes e você vai ver que a língua dá uma enroscada mesmo. Mas o problema é que não é só a nossa língua que trava. Quando passamos a acreditar que as coisas sempre serão de um jeito, travamos as infinitas possibilidades que o desconcertante "talvez possa ser diferente" pode nos oferecer. Trilhar novos caminhos exige uma boa dose de coragem, sobretudo quando acreditamos que, no meio da estrada, existe um predador à nossa espreita.

Diante desse cenário, torna-se bastante compreensível entender quando me perguntam: "CNV não deixa a gente muito passivo?". A estranheza, ou até mesmo resistência à comunicação não violenta, origina-se na crença entranhada de que o outro é uma ameaça e que o jeito a que estamos habituados a nos relacionar é uma boa maneira de atender a necessidade de nos sentirmos protegidos e seguros.

7 | Reagir não é (necessariamente) revidar

> "Reação não é revide
> Compaixão não é complacência
> Para se curar das certezas, duvide
> Do obscurantismo, ciência."[16]

Todo revide é uma reação, mas nem toda reação é um revide, como diria Martinho da Vila ao se referir às flores e às rosas.[17] Reação deriva do latim *reactio*, que, por sua vez, dá origem a *reagere*, "agir em resposta a um estímulo". *Reactio* parece algum feitiço de Harry Potter. *Reagere* também, se ele fosse italiano. Aqui, no caso, o feitiço emitido pela varinha mágica da reação tem o poder de estancar o fluxo de violência na medida em que

---

16. "Longe tão Perto." Intérprete: Banda Kanduras. Composição: Cláudio e Raphael Thebas.
17. "Verdade Verdadeira." Intérprete: Martinho da Vila. *In: Maravilha de Cenário*. Rca, 1975. Faixa 8.

produz uma força equivalentemente contrária, mas não realizada pelo mesmo agente. Esse é um dos princípios da Terceira Lei de Newton, que, transportado para ações e reações relacionais – desculpa aí, Newton –, nos ensina que reagir é agir com firmeza na direção contrária, compreendendo-se que firmeza não implica agir da mesma maneira, mas sim com a mesma intensidade.

Estou falando de postura firme e ativa diante do que pode nos chegar como violência, tendo como premissa que violência é tudo aquilo que, de algum modo, nos viola ou nos desagrada. Fatos, palavras, gestos, situações. Um prato deixado na pia, por exemplo, pode violentar nossa necessidade de organização. Posicionar-se com firmeza, clareza e sem que nossa agressividade se manifeste de forma violenta – culpar, julgar, rotular, comparar – requer treino e dedicação. É justamente disso que se trata a CNV: oferecer repertório para a reconstrução da forma como reagimos e expressamos nossas necessidades.

É importante não confundirmos a reação instintiva de quando levamos susto das reações intempestivas geradas pelo nosso estado de "susto antecipado", de prevenção, de anticorpos agindo o tempo todo como em uma doença autoimune. Todo mundo, quando leva um susto, reage instintivamente de maneira que pode ser ou soar agressiva. Até o monge mais elevado, que esteja meditando no alto da montanha, pode soltar um "puta que pariu, gafanhoto!"[18] se um aprendiz o cutucar de repente. Essa reação não revela que o monge é violento, mas sim que, antes de tudo, é humano. Somos dotados de um sistema de proteção,[19] alojado na área mais remota do cérebro, que quando acionado

---

18. Entre os anos de 1972 e 1975 foi transmitida a série de televisão *Kung Fu*, na qual o mestre se referia aos aprendizes como "gafanhotos".
19. COZZO, Ines. **Sistema de autoproteção e preservação da espécie**. Disponível em: www.inescozzo.com.br. Acesso em: 10 mar. 2021.

por algum estímulo que julgue nos colocar em risco, nos prepara para atacar ou correr. Nos tornarmos cientes disso pode nos ajudar a deixar os xingamentos só para quando realmente levarmos sustos, reservando para as outras situações do dia a dia reações mais saudáveis e inteligentes do que sair correndo ou atacando as pessoas. Nesse sentido, certamente a arte do palhaço e a comunicação não violenta podem nos ajudar muito. "Deixar entrar", exercício essencial do palhaço, cria o espaço/tempo para que a nossa reação saia do modo atacar ou correr e entre no modo reconhecer, sentir e expressar. E a CNV nos ajuda a fazer dessa expressão um convite para que a relação de todos os envolvidos seja mais saudável.

Saindo da reação, vamos olhar mais de perto o revide. Não tão de perto porque pode machucar. Não podemos confundir o revide com a mera reação automática, tipo "bateu, levou" própria do susto. Revidar é uma versão sofisticada da reação violenta. Pressupõe premeditação. Anda de mãos dadas com a vingança. Ninguém ganha uma flor e diz: "Isso não vai ficar assim!". Essa expressão, própria do desejo de revidar, se soma a outras que nos são bem conhecidas: "Ele vai ver o que é bom para tosse", "Isso vai ter troco", "Fulano não perde por esperar".

Frases como essas, que são um claro convite à manutenção do ciclo de violência, expressam justamente a essência do verbo revidar. O prefixo latino *re-* significa "de volta", "de novo". E *envidar*, que deriva de *invitare*, significa "convidar".

Revidar, portanto, é um convite enviado ao outro para que vocês continuem se agredindo.

8 | Sinceridade não é franqueza

As irmãs Sinceridade e Franqueza são como a dupla Ruth e Raquel da novela *Mulheres de areia*:[20] parecem iguais, mas basta chegar perto para percebermos que são muito diferentes por dentro.

>Sinceridade origina-se do latim *sincerus*, puro, inteiro, completo. *Sincerus*, por sua vez, é a junção de *sin-*, "único", com a raiz do verbo *crescere*, "crescer". A metáfora aqui refere-se à planta que é de crescimento único, sem enxerto ou mistura de qualquer tipo e, portanto, considerada "pura". Este sentido acabou passando a "verdadeiro, cordial".[21]

---

20. Em 1993 foi ao ar a novela *Mulheres de areia*, de Ivani Ribeiro, produzida e exibida pela Rede Globo. Nela Gloria Pires interpreta as irmãs gêmeas Ruth e Raquel. Ruth representava o papel da boa irmã, enquanto Raquel interpretou a vilã implacável da história.
21. Sinceridade. **Origem da Palavra**, 2010. Disponível em: https://origemdapalavra.com.br/palavras/sinceridade/. Acesso em: 10 mar. 2021.

Corre também outra versão mais romântica, incluída por Dan Brown no livro *O símbolo perdido*.[22] Essa versão, porém, é contestada por linguistas e historiadores. Segundo essa narrativa, escultores desonestos da Roma Antiga disfarçavam as imperfeições de suas estátuas utilizando cera para cobrir os buracos e defeitos. Na hora, o comprador não percebia as falhas, mas algum tempo depois as imperfeições vinham à tona. Para combater a fraude e defender a sua reputação, os escultores que trabalhavam honestamente faziam questão de ressaltar que suas obras eram "*sine cera*", ou seja, sem cera, autênticas, íntegras, verdadeiras, honestas.

Somando as qualidades da versão oficial com as da versão romantizada, podemos dizer que ser sincero é ser íntegro, autêntico e… cordial, adjetivo que aparta a sinceridade da franqueza. Em *O palhaço e o psicanalista*,[23] eu e o psicanalista Christian Dunker dizemos que a sinceridade leva em consideração que o que vai ser dito será recebido por alguém e, por isso, comporta um compromisso de cuidado com as palavras. Isso não tem nada a ver com dourar a pílula, mas com o reconhecimento de que, para que a conexão aconteça, a forma pode ser tão importante quanto o conteúdo.

O mesmo não se pode dizer da franqueza. Se você já conversou com alguém cujas palavras pareciam atingi-lo como martelos na cabeça, saiba que foi mais ou menos o que aconteceu. Franqueza deriva do latim *francus*, nome de um povo germânico que, após conquistar a Galia, concedeu liberdade política ao seu povo. A partir daí, essa palavra adquiriu o significado de "livre".[24] Mas

---

22. BROWN, D. **O símbolo perdido**. São Paulo: Arqueiro, 2009.
23. DUNKER, C.; THEBAS, C. **O palhaço e o psicanalista**. São Paulo: Planeta, 2019.
24. Franqueza. **Origem da Palavra**, 2011. Disponível em: https://origemdapalavra.com.br/?s=franqueza. Acesso em: 10 mar. 2021.

há outro dado muito curioso e significativo: consta que a tribo dos Francus herdou seu nome de sua arma típica: um machado de arremesso. Juntando as coisas, ser franco é sentir-se livre para atirar machados.

Agora você já sabe. Quando for conversar com alguém e a pessoa disser "eu vou ser franco com você", na mesma hora responda: "Só um minutinho, vou ali buscar um escudo e já volto".

9 | Compaixão não é complacência

Compaixão: do latim *compassio*. *Com*, junto e *pati*, sofrimento.[25] Compaixão é um caminho até a humanidade do outro. Uma trilha que se constrói pela fresta do muro para sermos capazes de nos aproximar do sofrimento que há por trás dos seus gestos. É um afeto que mobiliza a nossa responsabilidade em forma de ação. O psicanalista Christian Dunker e eu falamos um pouco sobre ela em nosso livro *O palhaço e o psicanalista*:[26]

> A compaixão se distingue da pena e da piedade porque se estende a todos os envolvidos na situação com imparcialidade e desejo genuíno de contribuir para que aconteça o melhor para todos. A piedade é um afeto traiçoeiro, pois frequentemente nos faz produzir com o outro uma pena de nós mesmos ou, ainda que furtivamente, uma satisfação por não estarmos

---

25. Compaixão. **Origem da Palavra**, 2011. Disponível em: https://origemdapalavra.com.br/palavras/compaixao/. Acesso em: 10 mar. 2021.
26. DUNKER, C.; THEBAS, C. **O palhaço e o psicanalista**. São Paulo: Planeta, 2019. p. 192.

realmente no lugar do outro. Para se apresentar como um afeto realmente transformador, e não apenas reprodutor de sofrimento, como a maior parte dos afetos ligados à culpa, é preciso aspirar que o outro genuinamente se livre da condição na qual ele se encontra, ou seja, passar da efusão e da emoção para a comoção e desta para a ação. A compaixão interessa à escuta na medida em que mobiliza responsabilidade por fazer algo, ainda que pequeno para que, no nosso encontro, e mesmo que este dure apenas um instante, isso aconteça.

Tudo que a compaixão busca compreender, a pena tenta justificar: "Ele me bateu, mas é que... coitado, você não sabe a infância que ele teve". Quando optamos por justificar e não compreender, nos tornamos complacentes e cooperamos para que a relação não se mova.

Derivada do latim *complacere*, a complacência, ao contrário da compaixão, é uma postura paralisante, que nos ausenta de nós. O prefixo *com-*, neste caso, funciona como intensificador do termo seguinte, *-placere*, "agradar". Complacência significa, portanto, "agradar muito". Você conhece alguém que, tentando agradar muito o outro, acabou por se ausentar de si mesmo? Quantos de nós já não estivemos nesse lugar?

Qualquer que seja o motivo para querermos "agradar muito" – pena, medo, baixa autoestima, culpa –, a complacência sempre carregará em si o componente tóxico e (nem tão) oculto da conveniência. Essa combinação química nada mobiliza senão a manutenção do ciclo de culpa, remorso e compensação. Estancar esse ciclo, assim como a moeda de troca que dele decorre – se você fez isso, então eu posso fazer aquilo –, implica separarmos a pessoa das suas ações. Só assim conseguiremos ser ao mesmo tempo compassivos com a pessoa, mas não complacentes com as suas atitudes.

Como a compaixão é um caminho de ida e volta que se estende a todos sem distinção, devemos igualmente ser compassivos com quem julgamos complacentes, mas não complacentes com a sua complacência.

10 | Compreender não é concordar

A maioria dos nossos desentendimentos acontece por confundirmos compreensão com concordância, entretanto *não são* conceitos iguais. Só moram na mesma rua.

Compreensão vem do latim *com*, "junto, em conjunto", mais *prehensio*, do verbo *prehendere*, que remete a "hera", planta trepadeira que se agarra, se prende às paredes para poder crescer.[27] Podemos facilmente relacionar a compreensão com estarmos juntos, próximos da nossa essência, valores, princípios "entranhados em nossas paredes".

Já concordar é composto por *com*, que significa "junto" e *cor*, "coração". Ou seja, as pessoas que concordam em algo estão com os "corações juntos". Discordar, obviamente, é o oposto, andar com os corações separados.

Olhando para a etimologia fica mais fácil entender que podemos estar juntos da essência do outro (compreender), mas não

---

27. Compreensão. **Origem da Palavra**, 2020. Disponível em: https://origemdapalavra.com.br/palavras/compreensao/. Acesso em: 10 mar. 2021.

andar de corações juntos (concordar) com o que o outro faz. É tão simples quanto isso e complexo desse tanto. Compreender tem a ver com a essência, com a necessidade profunda da pessoa. Concordar já se refere à estratégia que ela utiliza para atender a sua necessidade. A mediadora de conflitos Ana Paula Peron conta uma história que ajuda a ilustrar essa diferença. Certo dia, ela recebeu em sua sala de trabalho uma senhora muito falante. Ela estava bastante nervosa e passou a contar que seu filho de 20 anos não ajudava em nada, mal falava com ela e vivia num quarto que mais parecia uma caverna: "Ele é assim desde a adolescência, vive para me confrontar e ser grosseiro! Só quer saber dos amigos e mal fala com o pai. Quando se esbarram, sai briga!".

Em seu trabalho de mediação, Ana Paula atende em geral os dois lados, mas, como a mãe tinha convicção de que o filho jamais toparia participar do processo, aceitou caminhar junto da mulher e quem sabe vê-la encontrar alguma transformação possível nessa história tão dolorida. Inicia-se então um processo de escuta em que as dores da mãe encontram abrigo para serem expostas com segurança e, por isso, com toda a verdade possível. Criado o "campo" de confiança, acolhimento, afeto e empatia, Ana Paula pede a ela então que tente se conectar com os sentimentos do filho Rafael. Encorajada pela relação estabelecia com a mediadora, a senhora passa bons minutos expondo seus julgamentos e avaliações sobre as "más" escolhas do rapaz. Quando sentiu que a mãe havia conseguido "se esvaziar um pouco", Ana Paula pediu que ela colocasse a mão no peito e se conectasse com seu corpo, para que ela escutasse as sensações presentes. Passado algum tempo, o encontro se encerra com o pedido da mediadora para que sua cliente entrasse no quarto do filho em um momento em que pudesse estar sozinha e tentasse se conectar com sinais de beleza. Que apreciasse qualquer coisa que lá estivesse. O pedido foi transformador. No encontro seguinte, a senhora relatou que, no início, foi muito difícil ver algo positivo na "caverna", mas que, passados alguns dias, ela teve um insight precioso: compreendeu que seu olhar estava – nas palavras dela – muito viciado na crítica. Quando essa ficha caiu, ela foi capaz de voltar ao quarto e olhá-lo com bons olhos e compreender a importância das sensações de liberdade, autonomia e aceitação, que ele desfrutava ali.

Nesse ponto, faço um parêntesis porque esse trecho do relato da Ana Paula me traz uma lembrança pessoal muito forte. Minha mãe conta que um dia, chegando do clube que frequentávamos, meu pai a chamou para desabafar sobre mim. Eu devia ter uns 15, 16 anos e ele disse: "Ignez, tô preocupado com o Claudio. Confesso que hoje passei vergonha. Estava no clube com meus amigos sentados e conversando quando ele apareceu com a turma dele. Ele chegou perto, me deu um beijo e ficou ali abraçado comigo. Você tinha que ver o estado dele! O tênis todo rasgado, a calça jeans mais rasgada ainda, uma blusa por cima de outra, tudo aparecendo, tudo desajeitado... e o cabelo então? Um horror, todo descabelado! Quer ter cabelo comprido tudo bem, mas tem que cuidar, causa má impressão... os outros meninos não, todos bem-vestidos, bem penteados, arrumadinhos...".

Conta minha mãe que ela escutou em silêncio e, após alguns segundos, disse: "Que maravilha, Nelson, isso que você está me contando!". Meu pai ficou surpreso: "Como assim que maravilha? Não estou entendendo". E ela completou: "O Claudio chegou, te deu um beijo e ficou abraçado com você na frente de todos os amigos! Muito raro um adolescente fazer isso, ainda mais diante dos amigos!". Meu pai ficou surpreso. Ela tinha mostrado a ele um outro ângulo da história. Ele se levantou, pegou um uísque no armário, botou no copo e disse: "Você tem toda razão, Ig. Eu preciso começar a olhar o lado bom das coisas. A roupa e o cabelo são de menos; acho que ele faz isso só para chamar a atenção".

Essa última frase – "acho que ele faz isso só para chamar a atenção" – revela o impacto que teve sobre o meu pai a chance de observar a cena por outro ângulo. Ter olhado de maneira apreciativa para seu "filho das cavernas" possibilitou outro estado de abertura para que ele até arriscasse um palpite empático em busca de compreender a situação.

Algo parecido aconteceu com a mãe da história ao visitar a caverna do filho com olhos que procuravam beleza. Segundo Ana Paula, o processo permitiu que aquela senhora se desse conta de que usava o poder sobre seu filho e que sua reação acontecia por se sentir agredido, com raiva; portanto, devolvia a agressão da mesma maneira que a recebia. Esse insight pacificou seu coração na medida em que ela compreendeu que não era uma afronta a ela, ou desamor, mas uma necessidade de ser acolhido na sua individualidade, liberdade e necessidade de autonomia e aceitação. "Tivemos outros encontros para desatar esse nó, e, posso afirmar, esse momento de compreensão foi um 'salto quântico' para podermos avançar, porque transformar um conflito não é necessariamente resolvê-lo, mas transformar as relações para podermos conviver de maneira mais saudável até que possamos construir e criar acordos que encontrem saídas satisfatórias para ambos."

11 | Responsabilidade não é culpa

Entre culpa e responsabilidade existe uma palavrinha mágica que muda o sentido das coisas: implicação. Reconhecer nossa implicação significa assumirmos nosso papel de atores e não de espectadores passivos. "A implicação produz sujeitos e desejos, a responsabilidade produz compromissos e reparações, já a culpa produz vítimas e carrascos, santos e vilões."[28]

Quando sentenciamos o outro como culpado, estamos nos eximindo de assumir a nossa *implicação* e *responsabilidade* no assunto ou na relação, mostrando indícios de que não entendemos exatamente qual é o nosso papel no conflito: "O outro é que é assim ou assado, então ele que se vire para resolver 'a parada', de preferência deixando de ser assim ou assado". Essa narrativa parece ser, a princípio, muito confortável, pois nos poupa de sujeitarmo-nos a resolver aquela situação. Mas, como a expressão já indica, não se sujeitar significa não se tornar sujeito.

---

28. DUNKER, C.; THEBAS, C. **O palhaço e o psicanalista**. São Paulo: Planeta, 2019. p. 89.

O resultado é que acabamos nos tornando reféns dos reféns que criamos.

> A culpa é um afeto pouco transformativo. Em geral, assim que achamos o culpado nos desimplicamos do processo. Ser responsável é reparar, manter-se fiel ao processo, interessar-se pela sua continuidade. Ser culpado é o que basta para punirmos o outro, ou a nós mesmos, pela nossa própria impotência e cair fora... Culpa é um afeto individualizante que trava a ação coletiva. Isso se vê também no fato de que em estado de massa ou de anonimato digital perdemos de vista a função inibidora da culpa, nos tornando assim falsamente corajosos e hipercríticos. O sujeito pode sair orgulhoso do debate ou da reunião de condomínio, por destruir aquele colega que pisou em falso naquela expressão inconveniente ou que se excedeu nos argumentos, mas a disputa em torno da culpa é assim: o que hoje você expurga em cima de outro, amanhã lhe será retribuído em dobro. A anestesia provisória criada pela superioridade moral vai sendo corroída pela culpa, que precisa cada vez de mais atos de exibição purificadores.[29]

O empresário Claudio Menezes, reconhecido por ser um ativista de um novo capitalismo que emerge estruturado em propósito, sustentabilidade e gestão participativa,[30] transformou as relações das pessoas de sua empresa quando trouxe para o dia a dia fundamentos de sua outra profissão: a psicanálise. Ele diz que, em sua companhia, o que se busca na relação entre todos é a integridade.

---

29. DUNKER, C. A culpa é da esquerda. **Blog da Boi Tempo,** 31 jan. 2019. Disponível em: https://blogdaboitempo.com.br/2019/01/31/a-culpa-e--da-esquerda/. Acesso em: 10 mar. 2021.
30. TEIXEIRA, A. **De dentro para fora.** Porto Alegre: Arquipélago Editorial, 2015.

Relação de sujeitos com sujeitos, e não com objetos. Para facilitar a compreensão do que quer dizer, Claudio traz uma lista de atitudes que nos ajudam a olhar para nós mesmos e tentar identificar o papel que estamos desempenhando. Claudio nomeia essa lista como atitudes do Criador (sujeito) ou da Criatura (objeto).[31]

Criador	Criatura
• No comando de si. (É sujeito de seu desejo.)	• É comandada pelo outro. (E por tudo aquilo que não consegue administrar em si mesma. Reage sempre aos riscos que enxerga no outro.)
• Nunca julga. (Sabe que não existem certos e errados absolutos.)	• Julga. (Para ele existem sempre os bons e os maus, segundo seu julgamento pessoal.)
• Adora a diversidade. (Vê o diferente como uma possibilidade de aprendizado.)	• Tende a estratificar. (Cataloga e classifica. Os bons e os maus. Com ele ou contra ele.)
• Autoconhecimento. (Amplia a zona de conforto; sabe que não sabe, curioso sobre si mesmo.)	• Zona de conforto. (Possui e não abre mão de certezas absolutas; o ajuste e erro está sempre no outro, nunca em si mesmo.)
• Sincronicidade. (As coisas acontecem além de sua esfera de controle e conhecimento.)	• Conspiração. (É refém das circunstâncias; em vez de se perceber implicado e por isso responsável, opta por incriminar, culpar o agente externo; para ele, os maus estão sempre errados e conspirando contra si mesmo e contra a verdade, que ele acredita possuir.)

(continua)

---

31. Claudio Meneses e Roberto Tranjan.

(continuação)

Criador	Criatura
- O céu é o limite. (Sabe que existem muitas coisas potencialmente transformadoras a descobrir.)	- Mundo limitado. (Fruto da estratificação e do medo de expandir sua zona de conforto, o que o obrigaria a arriscar outros passos. Nesse sentido, tem uma maturidade infantilizada.)
- Essência. (É o que é, independentemente do papel que representa na vida.)	- Existência. (Ele é o que possui e não o que é.)
- Sujeito. (Responsável e agente de tudo o que faz.)	- Objeto. (É refém do outro que o atormenta.)
- Confia incondicionalmente. (Como um ser integrado, sabe que confiar não depende do outro.)	- Confia condicionalmente. (Condiciona a confiança à sua avaliação.)
- Supera os seus bloqueios. (Integridade e compaixão.)	- Vive seus bloqueios. (Ó, dor... ó, vida... ó, azar.)

12 | Ser bom não é ser bonzinho

Todo mundo conhece o bonzinho, mas nem todo mundo gosta dele. É senso comum que ele não é muito confiável. "Ele diz sim para tudo, está sempre querendo agradar. Nunca se sabe o que se passa na sua cabeça." O bonzinho se encaixa classicamente no perfil de posturas da criatura, que vimos no capítulo anterior. Já o "bom", ao contrário, goza de reputação positiva. Ele é autêntico, íntegro, sem falsidades, transparente e confiável. São posturas que o quadro associa ao criador.

Ambos, bom e bonzinho, aparentemente tão distintos e tão distantes, têm algo em comum: o nosso julgamento. São nossas certezas e sentenças que lhes aprisionam como se eles fossem posturas e não pessoas.

O quadro do capítulo anterior não tem o (des)propósito de catalogar, classificar e carimbar pessoas, mas sim de oferecer alguns parâmetros para que a gente se questione sobre nós mesmos: "Neste momento específico em que estou vivendo, estou conseguindo ser tão sujeito da minha vida quanto gostaria?".

Ninguém é bom, bonzinho, criador ou criatura. Somos muito mais complexos, indefiníveis, inqualificáveis, intraduzíveis e, por tudo isso, interessantes demais para sermos acondicionados em caixas ou catalogados. Nossos comportamentos não expressam o que somos, mas como estamos, e oferecem pistas do que precisamos. A decodificação dessas pistas é a chave de ouro que possibilita que a gente saia do modo certeza e sentença e passe a se relacionar a partir do que precisamos para estarmos bem juntos. A habilidade de decifrar as pistas que o outro nos oferece implica, fundamentalmente, no bom exercício de uma primeira virtude: a incerteza. É ela que nos fornece a quantidade necessária de suprimentos – dúvidas e questionamentos – para a caminhada.

Exercitar a incerteza é também exercitar a busca pela verdade, que se revela por trás das certezas com as quais costumamos minimizar a complexidade da vida. Nilton Bonder diz que:

> [...] Quanto maior o grau de dúvida aplicada a dada certeza, maior a sua aproximação da realidade... as verdades admitem que existam em oposição a elas outras verdades. A certeza, no entanto, é ditatorial. A primeira diz respeito à busca humana, a segunda, ao desejo, profundamente arraigado em nós, de controle. As verdades são geradas a partir do conflito e da experiência. São concebidas como absolutas e, ao mesmo tempo, flexíveis como tudo que diz respeito à sabedoria mais profunda. Isso porque saber não é algo que se possui, mas um exercício constante de contato com a vida... No entanto, as pessoas buscam pelos manuais, pelo 'como fazer' e perdem contato com o mais importante elemento das verdades – as dúvidas e incertezas.[32]

---

32. BONDER, N. *Fronteiras da inteligência*. Rio de Janeiro: Rocco, 2011.

O exercício da incerteza é fundamentalmente o exercício de fazer perguntas no lugar de proferir sentenças. Esse estado de busca constante é o que nos conecta com a segunda virtude: a humildade. Humildade de nos posicionarmos sobre nós e sobre a vida consciente de que somos imperfeitos e inacabados. Sem o reconhecimento disso, não seremos capazes de viver momentos de plena integridade, mas sim de arrogância. E, sendo arrogantes, não acessaremos a terceira virtude: a compaixão. Tenderemos a confundi-la com piedade, expressão máxima – talvez – da nossa ilusão de sermos superiores uns aos outros.

A jornada pelo caminho da incerteza, humildade e compaixão não tem mapa, mas tem tesouro. Encontrar esse tesouro requer coragem para um mergulho profundo em nós mesmos na busca por um superpoder que tínhamos na infância: a curiosidade incondicional sobre tudo e todos, sem distinção. Crianças são mestres em perguntas por natureza. Perguntam, perguntam e perguntam. Não buscam a certeza absoluta – que acabaria com a brincadeira de perguntar –, mas a verdade possível que se esconde por debaixo das aparências. Recuperar a nossa curiosidade incondicional sobre tudo e todos, sem distinção, implica necessariamente (re)encontrarmos esse precioso tesouro perdido: a nossa criança. Apenas com ela é que, juntos, o adulto com sua experiência e a criança com sua inocência, se torna possível cruzar as fronteiras do julgamento para nos aproximarmos, curiosos e desarmados, sobre a humanidade do outro. Podemos chamar essa jornada iniciada dentro de nós e empreendida em direção ao outro por meio das barreiras dos julgamentos pelo nome de *empatia*.

13 | Escolhas e decisões – a história de Jo Berry e Pat Magee

A inglesa Jo Berry e o irlandês Pat Magee são amigos de longa data. Ela e ele são fundadores da ONG Building Bridges for Peace[33] (em tradução livre, Construindo Pontes para a Paz), que media conflitos em todo o mundo. Suas vidas se entrelaçaram no dia 12 de outubro de 1984, quando o deputado George Berry, pai de Jo, foi morto em um atentado a bomba promovido pelo Exército Republicano Irlandês (IRA), grupo separatista. Jo, que na época tinha vinte e poucos anos, estava em casa quando soube do atentado pela rádio. Pat Magee soube do atentado muito antes. Foi ele mesmo, membro do IRA, quem planejou o ataque ao hotel onde o pai de Jo estava.

Naquele dia, conta Jo Berry em seu belo TED,[34] ela não perdeu apenas seu pai, mas percebeu que seu espírito livre, de

---

33. Building Bridges for Peace. Disponível em: http://www.buildingbridgesforpeace.org/. Acesso em: 10 mar. 2021.
34. Disarming with Empathy: Jo Berry at TEDxExeter. 2013. Vídeo (10min15s). Publicado pelo canal TEDx Talks. Disponível em: https://www.youtube.com/watch?v=coljnvVH18o. Acesso em: 10 mar. 2021.

uma garota de vinte e poucos anos, que se preparava para fazer um mochilão pela Europa, estava dali em diante conectado a algo que se encontrava perto dela, mas parecia tão distante: o conflito da Irlanda do Norte.

Dois dias depois do atentado, Jo foi à igreja que costumava frequentar, e ali, em silêncio, fez uma escolha e tomou uma decisão: se ela fosse capaz de compreender aqueles que mataram seu pai e tirar algo de positivo da experiência, então ela ficaria bem. Naquele exato instante, iniciou-se uma jornada sem mapa. Ela apenas confiou que a vida lhe ofereceria as experiências necessárias. Como nos ensina a velha piada de San Genaro,[35] não basta ter fé, é preciso agirmos e estarmos atentos para recebermos a providência divina. Alguns meses depois do compromisso firmado com ela mesma na igreja, Jo estava andando de táxi e papo vai, papo vem, ela contou ao motorista que seu pai tinha sido morto por um ataque do IRA. O taxista escutou atentamente e lhe disse que ele, por sua vez, viveu o outro lado da história: seu irmão era irlandês, havia sido membro do IRA e foi morto por um soldado inglês. No restante do trajeto, aquelas duas pessoas, que poderiam estar em trincheiras diferentes, se emocionaram e conversaram sobre um mundo em que a paz fosse possível e em que não houvesse inimigos. Ela desceu do táxi bastante mexida pela conversa e decidida que dali em diante se dedicaria a construir pontes para a paz. Mas como? Como construir pontes se

---

35. A brincadeira faz referência à piada de San Genaro, que deve ser lida com sotaque italiano para melhorar sua experiência: "O fiel entra na igreja, ajoelha-se em frente à imagem de San Genaro e diz: 'San Genaro, por favor, faça com que eu ganhe na loteria, estou desesperado!'. Passa-se uma semana, o fiel volta: 'San Genaro, faça com que eu ganhe na loteria, por favor, estou desesperado!'. Isso se repete por alguns meses até que um dia o fiel, descontrolado, ameaça o Santo: 'San Genaro, se não ganhar essa semana, volto aqui e quebro a sua imagem com uma marreta!'. Neste instante, ele escuta uma voz vinda do céu: 'Então compra o bilhete, *maledeto*!'".

fomos treinados a vida inteira a erguer muros? A resposta pode estar aqui ao lado na experiência do palhaço na África: o aprendizado da construção de pontes passa antes pela experiência de abrir buraquinhos no muro.

Entre 1985 e 1986 ela foi inúmeras vezes para Belfast, capital da Irlanda do Norte. Nessas viagens, ela apenas convivia com pessoas que lá moravam e escutava suas histórias. Sem perceber, pouco a pouco ela já estava olhando pela fresta e vendo que, do outro lado do muro, existiam pessoas, e não inimigos. Mais ou menos nessa época, Pat Magee, o autor do atentado que vitimara seu pai, foi localizado, preso e condenado à prisão perpétua.

Dezesseis anos se passaram e Pat Magee foi solto no acordo de paz entre o grupo separatista e o governo britânico. Nesse tempo, de tanto se dedicar a abrir frestas no muro, Jo Berry havia se tornado mediadora de conflitos e viajava com frequência para trabalhar com grupos na Irlanda do Norte. Em uma dessas viagens, seu telefone tocou e ela se viu diante do maior desafio de sua jornada: do outro lado da linha, uma amiga lhe contou que havia conseguido falar com Pat Magee e que ele tinha concordado em encontrá-la. Jo sempre havia sonhado com esse encontro, mas, agora que ele se tornara realmente concretizável, seu coração gelou. Alguns dias depois, lá está ela em Glasgow, na casa emprestada por uma amiga, aguardando a chegada do homem que assassinara seu pai.

Jo conta que os momentos de espera foram aterrorizantes. Ela havia dedicado todos esses anos a compreender o outro lado, a não blasfemar, não culpar, não incriminar, mas agora ela tinha medo de que, diante dele, todo seu empenho desmoronasse.

Sua aflição foi interrompida por batidas na porta. Ela se levantou, caminhou até a maçaneta, destrancou a fechadura e a abriu. Era ele. Ela lhe disse "obrigada por ter vindo", e ele respondeu com um "obrigado, você, por me receber". Eles se sentaram e ela foi tomada por uma estranha sensação, desapontamento talvez. Aquele homem, o assassino do seu pai, aquela figura mítica que mudou sua vida para sempre... era uma pessoa comum.

Pat Magee passou então a falar aos borbotões e tentar explicar para ela as razões que o levaram a fazer o que fez. Seu discurso, no entanto, soou muito familiar e, por isso, muito frustrante. Suas palavras em nada se diferiram dos discursos políticos que durante todos esses anos, em suas viagens, ela havia exaustivamente escutado. *Não teremos outro encontro*, ela pensou. Mas algo aconteceu naquele momento, subitamente ele parou de falar e, na fração de silêncio que se interpôs entre ele e suas palavras, ela percebeu em seu rosto um desejo genuíno de conexão. Ele, então, esfregou os olhos e lhe disse com a voz sincera: "Jo, eu nunca conheci alguém tão aberta como você, com tamanha dignidade, e jamais alguém se dispôs a me escutar como você está fazendo. Eu já não sei muito bem quem eu sou... quero escutar a sua dor, seus sentimentos, sua raiva, e quero sinceramente saber o que posso fazer por você".

Naquele exato instante, ela soube que ambos estavam iniciando uma nova jornada. Juntos. A conversa entre os dois passou a fluir de humano para humano. Pat Magee já não era uma sombra, mas uma pessoa – comum – na sua frente. Na despedida, ele disse que talvez teria sido mais fácil – mas não melhor – se ela tivesse discutido com ele, o que o teria colocado na velha conhecida posição de sustentar seus argumentos. Mas ele havia sido totalmente desarmado pela empatia que ela havia lhe oferecido.

Vinte anos já se passaram desde esse primeiro encontro e eles já se falaram mais de cem vezes em cadeias, escolas, universidades e em vários países como na Irlanda do Norte, em Ruanda, no

Líbano e, mais recentemente, em Israel e na Palestina. Em todas essas viagens ela pôde entrar em contato com pessoas muito inspiradoras que também lutam para resolver os conflitos e dores sem violência. Esses encontros só reforçam a sua percepção de que não existe "um inimigo", mas sim "que há uma parte em todos nós que é capaz de agir de maneira violenta".

"Você não acha que pode estar traindo o seu pai ao se aproximar justamente da pessoa que o matou?", Jo costuma escutar essa pergunta desde aquele primeiro encontro com Pat Magee. Ela responde contando do insight que teve durante uma longa caminhada que fizeram juntos: ela não precisava perdoá-lo, pois já o havia compreendido profundamente. O perdão e o seu belo paradoxo: perdoar tão completamente que o próprio perdão já não tenha mais sentido. "Ao longo do caminho, Pat abriu seu coração, dividindo comigo muito da sua vida, e percebi que, se tivesse vivido a vida dele, e passado pelas coisas que passou, talvez tivesse feito as mesmas escolhas."

Naquele instante em que as fronteiras do perdão foram cruzadas e ambos acessaram a humanidade do outro, a ponte entre eles aconteceu. Não foi exatamente construída, mas evocada. Pontes se materializam, honram e celebram a busca daqueles que têm a coragem de desbravar um caminho desconhecido em direção ao outro.

14 | O jogo da sua/minha história

Criei este jogo muito anos atrás para os aprendizes de palhaço, a fim de aprofundar a escuta e a percepção de um conceito que julgo essencial da palhaçaria: nós não só interdependemos uns dos outros, como, antes de tudo, intersomos e nos interpertencemos.

A versão que escrevo aqui é uma combinação entre o jogo como eu havia desenvolvido e de como eu vi meu amigo e facilitador de grupos Pedro Limeira aplicar – veja só – sem nem saber que eu já passava algo tão essencialmente parecido. É uma dinâmica sensível e profunda que conecta os participantes com as centelhas comuns de humanidade que compartilhamos uns com os outros.

Como jogar

- **Número de participantes:** 2 (Caso queira facilitar o jogo, poderá aplicá-lo em um grupo grande, sempre formando duplas).
- **Material necessário:** Nenhum.
- **Objetivo:** Fazer com que a história do outro seja sua.

Fase um: criar intimidade e sensibilizar

1. Formam-se as duplas.
2. É feita a construção da intimidade na medida do possível: a dupla troca histórias curiosas da infância. Travessuras, por exemplo.
3. Depois de mais ou menos dez minutos de papo, todos fecham os olhos e pede-se que se conectem com o que foi falado. Imagens, emoções da infância, e que deixem fluir, livremente memórias dessa época. O facilitador pode dar alguns *inputs*: "Deixem que venham cheiros da escola, vozes da rua, sons dos vizinhos, humores dos pais".
4. Agora, uma dos participantes da dupla deve contar uma memória afetiva da infância, uma passagem simples, um passeio no parque, viagens de férias com a família. Enquanto ele fala, o outro apenas escuta. Pode fechar os olhos se quiser. Depois de mais ou menos cinco minutos, pede-se que quem escutou comente o que escutou e o que percebeu de emoções e como elas se manifestaram: "Amigo, percebi que quando você falou do balanço no quintal seus olhos até brilharam". Ou: "Sua voz ficou tão terna quando você falou da sua avó Maria".

Fase dois: a sua/minha história. Mergulho na empatia

1. A história de uma saudade. Pede-se agora que as duplas fechem os olhos e cada um se conecte com alguma perda

que já viveu. Uma separação, a morte de alguém querido, uma briga com um amigo. Que se conectem acolhedora e amorosamente com essa passagem que faz parte da história de cada um. Essa etapa pode levar de três a cinco minutos.

2. Solicita-se agora que um dos integrantes da dupla conte ao outro a sua história. O parceiro escuta toda a história de olhos fechados sem dizer uma única palavra. Quando tiver terminado, o integrante que contou também fecha os olhos. Dá-se uns segundos para que se reverbere as emoções contidas no encontro.
3. Agora, pede-se para que quem escutou a história conte-a novamente em silêncio dentro da sua cabeça, incluindo na história as emoções que julgou ter captado nas palavras do outro. Quem contou a história permanece de olhos fechados, conectado com a sensação de ter falado.
4. Pede-se agora ao integrante que escutou para que ele repita a história dentro da sua cabeça em primeira pessoa. Ou seja, que se aproprie da história do outro como se fosse sua. Nessa etapa, ele deverá fazer com que as frases representem a sua história: "Quando minha mãe..." ou "No dia em que meu pai". Quem falou, continua em silêncio conectado consigo, com o outro e com as instruções.
5. Nessa etapa, quem escutou a história deve agora voltar a contá-la dentro de sua cabeça, e como a história agora é sua, ou seja, está sendo vivida por si mesmo, pede-se que se conecte com as suas emoções pessoais nessa história, não mais com as emoções do outro, mas sim com as emoções que sente ao viver a história que já foi do outro. Pede-se que ele nomeie os sentimentos que emergem em si.
6. Sem que ambos abram os olhos, e em um fluxo contínuo, solicita-se a quem escutou e se apropriou da história que

reconheça o que mais precisava quando viveu essa perda, essa separação. Que ele se conecte realmente com o que precisava, e não que suponha o que o outro precisaria. Que ele se aproprie das necessidades que brotam genuinamente nele.

7. A sua/minha história. Pede-se agora que quem escutou, viveu e se apropriou da história conte nos ouvidos do outro a história que já foi dele, mas agora é dos dois. Essa etapa deve ser feita em primeira pessoa como se realmente tivesse vivido a história que lhe foi oferecida. E pede-se também que, ao contar, ele fale dos seus sentimentos, sempre em primeira pessoa, e diga ao outro, do fundo do coração, o que mais precisava quando viveu tudo aquilo: "Quando meu cachorro morreu eu fiquei desolado, muito triste, e o que eu mais precisava era do abraço do meu pai!".

Fase três: partilha de emoções e percepções

Em geral, os participantes ficam bastante tocados com a experiência. É muito comum escutar frases como: "Nossa, era exatamente disso que eu precisava" ou "Você entrou no meu coração", ou até mesmo "Era isso mesmo que queria ter dito ao meu pai, mas não tive coragem". A colheita dessa parte final não deve tirar os participantes desse estado, mas, sim, cooperar para que se mantenha o fluxo emocional que já vinha antes. Não terá flip chart, nem conclusões ou consolidações de aprendizagem. Nenhuma tradução da experiência será mais importante do que a experiência em si. Apenas como sugestão de fluxo, sugiro que a partilha se inicie pelo dono original da história. Como foi ter escutado sua história pela voz do outro. E depois o seu parceiro lhe conta como foi a sua jornada empática.

Sobre o desafio de facilitar e jogar ao mesmo tempo

O maior desafio é conseguir dar tempo para as emoções reverberarem para que você encontre o *timing* dos comandos. Isso é fundamental para que seu parceiro sinta que mesmo que você esteja aplicando o jogo, está conectado com ele.

15 | Comunicações alienantes da vida

Marshall Rosenberg cita algumas formas de comunicação e linguagem a que estamos habituados e que contribuem para o nosso comportamento violento em relação aos outros e a nós mesmos, por isso, vale ressaltar que o aprendizado de um novo jeito de nos relacionarmos passa fundamentalmente por nos tornarmos conscientes desses tipos de comunicação. Marshall denomina essas condutas como "Comunicações alienantes da vida" e são elas:

- Fazer julgamentos moralizadores.
- Fazer comparações.
- Negar responsabilidade.
- Premiar ou punir (e fazer exigências).

Julgamentos moralizadores

Passamos boa parte das nossas vidas frequentando um lugarzinho bastante conhecido: as terríveis, porém convidativas, *pequenas confrarias de maldizer*. Essa associação, cujo lema é "falem mal, mas não falem de mim", possui filiais espalhadas no escritório, na família, nos grupos de WhatsApp. Ah... nada como passar algum tempo com os amigos entre críticas e petiscos! Na referida confraria, podemos consultar um precioso catálogo no qual encontramos as características de tipos de pessoas como o Cri-cri, o Bagunceiro, a Implicante, o Desastrado, o Fofoqueiro e vários outros. Esse catálogo – grande sucesso da Editora Maledicência e Julgamento – nos oferece amplo repertório de argumentos para fofoquinhas, pequenas difamações e comentários "inocentes". Quem me conhece sabe que jamais frequentei sequer uma filial da citada confraria. Parodiando Tim Maia: meu único defeito é mentir um pouco. Para Marshall Rosenberg, no entanto, nosso querido clube não é assim tão inofensivo:

> A comunicação alienante da vida nos prende em um mundo de ideias sobre o certo e o errado – um mundo de julgamentos, uma linguagem rica em palavras que classificam e dicotomizam as pessoas e seus atos. Quando empregamos essa linguagem, julgamos os outros e seu comportamento enquanto nos preocupamos com o que é bom, mau, normal, anormal, responsável, irresponsável, inteligente, ignorante etc.[36]

John Paul Lederach, um dos maiores especialistas em mediação de conflitos da atualidade, corrobora essa posição e nos recomenda dar uma pausa em nossas visitas frequentes à confraria:

> Suspender o julgamento não é renunciar à opinião ou à capacidade de avaliar. E fundamentalmente uma força para

---

36. ROSENBERG, M. **Comunicação não-violenta**. São Paulo: Ágora, 2006. p. 42.

mobilizar a imaginação e elevar as relações e a compreensão das relações em um contexto violento a um novo nível. A suspensão do julgamento se recusa a tomar histórias sociais complexas e realidades construídas e forçá-las dentro de categorias dualísticas artificiais; em vez disso, busca aquela compreensão que quebra as cadeias da polarização social.[37]

Fazer comparações

Não faltam exemplos para iluminar o nosso hábito de fazer comparações: "Seu irmão já aprendeu a arrumar a cama e você ainda não?"; "O pessoal do jurídico está dando um banho em vocês do administrativo"; "Quando meu filho tinha a idade do seu, ele já andava".

Quem já passou por isso sabe o quanto dói e o quanto pode gerar mágoa e insegurança a longo prazo. Fazer comparações é também a nossa principal ferramenta como instrumento de autotortura. Ah, como adoramos investir em nossa própria infelicidade nos comparando com outras pessoas que, claro, são sempre muito melhores do que nós: "Livro sobre comunicação não violenta, Cláudio… sei não… fulano de tal é que é bom mesmo em CNV…".

Negar responsabilidade

Na adolescência, eu tinha um amigo que apresentava desculpas para tudo: "O pai não deixou, a chuva caiu, a tia é assim, a mãe

---

[37]. LEDERACH, J. **A imaginação moral**. São Paulo: Editora Palas Athena, 2012.

é assado, o clube fechou, a perna doeu". Dizíamos que ele deveria escrever um livro chamado *Desculpas ao alcance de todos*.

Sinteticamente, negar responsabilidade significa transferir as reflexões que nos cabem ao outro ou a múltiplos fatores ocultos ou indeterminados. No livro *Comunicação não-violenta: técnicas para aprimorar relacionamentos pessoais e profissionais*, Marshall cita *Eichmann em Jerusalém*, de Hannah Arendt. Nesta obra, que narra o julgamento do oficial nazista Adolf Eichmann, a autora conta que "ela e seus colegas chamavam a linguagem de negação de responsabilidade utilizada pelo réu de 'linguagem de escritório', ou 'burocratês'". Por exemplo, se alguém lhe perguntasse por que ele havia tomado determinada atitude, a resposta seria: "Tive de fazer isso". Se lhe perguntassem o motivo, teria como resposta: "Ordens superiores", "A política institucional era essa", "Era o que mandava a lei".

Outra boa maneira de negar responsabilidade é justificar em nome de um coletivo. Quem tem filhos certamente já deve ter escutado o clássico: "Fui mal na prova porque todo mundo foi".

Exercitamos a negação de responsabilidade desde pequenos. Será porque, talvez, como adultos sejamos bons professores?

Premiar ou punir (e fazer exigências)

Quem já não escutou (ou falou...) a sentença: "Fulano fez por merecer!"?

Frases desse tipo originam-se da crença de que existe "uma natureza errada ou maligna nas pessoas que não agem em consonância com nossos valores",[38] e que os seus comportamentos

---

38. ROSENBERG, M. **Comunicação não-violenta**. São Paulo: Ágora, 2006. p. 42.

incompatíveis ao que consideramos normais ou aceitáveis podem ser corrigidos e enquadrados por meio de castigos ou recompensas. O mesmo método é utilizado como uma espécie de "pedagogia de alcance de resultados", seja em empresas (bater as metas), seja em escolas (ir bem na prova). As punições podem ser concretas, como ficar de castigo, ser demitido; ou mais sutis, como imputar culpa ou vergonha, que considero uma maneira mais sofisticada de demissão. Nesse caso, a pessoa não é demitida da empresa, mas de si mesma, pois, uma vez investida de culpa ou vergonha, ela deixa de fazer as coisas por si e passa a fazer para o outro, a fim de saldar a dívida moral que lhe foi imposta.

Essa pedagogia de exigência, punição e prêmio se apoia em muita cobrança de resultados e pouco significado no processo. Por isso, incluí neste mesmo tópico "fazer exigências", que também é uma comunicação alienante da vida.

16 | Eu, meu filho e as lições das lições de casa

Quando meu filho tinha cerca de 7 anos, ele começou a ir "muito mal na escola". Toda hora recebíamos bilhetes e várias vezes fomos chamados para conversar. Mas, afinal, o que é ir muito mal na escola quando se tem 7 anos? O assunto educação vale vários livros, e para não me estender muito digo que, naquela época, tanto para a escola quanto para nós, os pais, ir mal na escola tinha a ver com não fazer a lição de casa direito. E isso ele não fazia mesmo... Todo dia era uma guerra. Um sacrifício. Um sofrimento para todo mundo: ou ele não fazia, ou falava que fazia e não fazia, ou fazia tão de qualquer jeito que era como se não tivesse feito.

Nossas crianças queridas, amadas, fofas e educadas são capazes de ardis que nos chocam em sua inocente sofisticação. O meme "é verdade esse bilete" fez enorme sucesso na internet em

2018.[39] Muitas vezes o Raphael,[40] meu filho, quando perguntado sobre a lição de casa, nos apresentava cadernos do ano anterior para provar que ela estava feita. Hoje o que me choca não são as artimanhas do meu filho, mas constatar que, no ano anterior, com 6 anos, ele já tinha que fazer lição de casa. Onde eu estava e por que não me perguntava qual era o sentido daquilo? Ora, estava exercendo meu *poder* de pai, exigindo que ele fizesse a lição, e já nem era porque eu considerava a maldita tarefa importante, mas simplesmente porque ele não me obedecia. Era por mim que eu brigava, e não por ele.

Mais ou menos nessa época, ele começou a agir de um jeito estranho. Ficava desesperado quando eu me ausentava da sua presença, mesmo que por um instante, para ir ao quintal, por exemplo. Lembro-me de um dia em que estacionei o carro em frente ao prédio de um amigo e disse ao Raphael: "O papai vai ali deixar uma carta", mostrei a guarita, logo no portão do edifício, "e volto em um segundo. Você pode me ver o tempo todo aí do banco". Desci do carro e mal tinha dado o primeiro passo, olhei para trás e vi meu filho pulando a janela, chorando para vir ao meu encontro. Na casa da mãe dele estava acontecendo a mesma coisa. Ele não tinha medo do escuro, medo de bruxas ou fantasmas. Suas assombrações eram outras: medo de nos perder, de ser deixado para trás, de que o abandonássemos.

---

39. "É verdade esse bilete": Google aponta meme como um dos mais buscados do ano. **G1**, 2018. Disponível em: https://g1.globo.com/sp/bauru-marilia/noticia/2018/12/12/e-verdade-esse-bilete-google-aponta-meme-como-um-dos-mais-buscados-do-ano.ghtml. Acesso em: 06 mar. 2021.
40. É claro que consultei meu filho e ele autorizou que eu contasse essa história.

Nós o colocamos na terapia. (O certo seria dizer "*nos colocamos*".) Ele se identificou com a psicóloga e íamos para o consultório sem brigas ou qualquer dificuldade. Passados alguns meses, ela me chamou para conversar e perguntou: "Cláudio, você já falou para o Raphael que você o ama, mesmo se ele for mal na escola? Mesmo que ele não faça a lição ou que ele minta a respeito disso?". A pergunta me pegou de surpresa e fiquei meio... irritado, talvez. Mesmo que eu não tenha expressado isso. Falei que sim, que sou muito afetuoso, que brinco com ele o tempo todo e que falo sobre o meu amor e o demonstro constantemente. Ela insistiu: "Mas especificamente sobre a escola e a lição de casa? Você já verbalizou que o ama mesmo ele 'não indo bem' como vocês gostariam?". Respirei fundo. E me lembro da sensação de desmonte corporal. Não. Eu nunca tinha feito aquilo. Hoje, tantos anos depois, ainda me espanto com a potência transformadora daquela dica tão simples, porém tão complexa. As conversas que tivemos nos devolveram um para o outro. A pessoa pai para a pessoa filho. Pouco a pouco – e isso foi surpreendentemente rápido – ele voltou a ganhar confiança e não se assustava mais quando saíamos da sua frente. Já eu, não tão rápido quanto ele, admito, fui percebendo que ele não fazia a lição de casa não só para nos contestar, mas principalmente porque aquilo não fazia o menor sentido para ele. Demorou, mas me dei conta de que naquele tempo todo eu também não estava fazendo muito bem a minha lição de casa.

Termos atravessado juntos essa história me fez perceber, entre tantos aprendizados, que quando educamos e nos relacionamos na base da exigência e da punição, o outro passa a acreditar que só receberá nosso amor caso supra a nossa expectativa. Um danoso banco de troca de amor por comportamento.

Como se só fôssemos merecedores de sermos amados pelo que fazemos, e não simplesmente pelo que somos.

17 | Os quatro tempos da comunicação não violenta

O processo básico da comunicação não violenta é muito simples, mas, como sabemos, simples não é sinônimo de fácil. "Parar de fumar é muito simples: basta jogar fora o seu maço e não comprar mais nenhum e pronto. Mas quem disse que é fácil?", lembra a neuropesquisadora Ines Cozzo.[41]

Parar de fumar envolve questões complexas. A intenção de parar, por mais genuína e forte que seja, tem oponentes poderosos pela frente, como dependência física, emocional e hábitos que podem estar profundamente enraizados.

O mesmo acontece com a intenção de não violência. A grande maioria de nós é de alguma maneira adicta de hábitos violentos, de linguagens que funcionam como gaiolas que aprisionam a expressão dos nossos sentimentos, como o atormentado

---

41. COZZO, Ines. Disponível em: www.inescozzo.com.br. Acesso em: 10 mar. 2021.

Hamlet profere à sua mãe, a rainha: "O hábito, esse demônio que devora todos os sentimentos".[42]

A comunicação não violenta pode ser entendida como um processo de autoconhecimento que possibilita que a gente reconheça e expresse os nossos sentimentos e necessidades aprisionados, às vezes, por uma vida de falta de contato com nós mesmos e hábitos limitantes. Como base para resolução dos conflitos, a CNV se apoia em quatro tempos (o processo), duas partes.[43]

Os quatro tempos da comunicação não violenta (o processo)

- **Observação:** ações concretas que estamos observando e que afetam nosso bem-estar.
- **Sentimentos:** como nos sentimos em relação ao que estamos observando.
- **Necessidades:** que necessidades, valores, desejos estão gerando nossos sentimentos.
- **Pedidos:** ações concretas que pedimos para enriquecer a nossa vida.

Observar o fato não é avaliá-lo. Mas, antes, tem um fato?

Várias vezes passo por isso: percebo que estou um pouco irritado, que tem alguma coisa me incomodando e não sei o que é. Até que, de repente, uma boa alma desliga a televisão e *noooooooossa*, surge um alívio instantâneo. Atolado de coisas e correndo para

---

42. SHAKESPEARE, W. **Hamlet**. São Paulo: Penguin, 2015. Ato III, cena IV.
43. Tomei a liberdade de nomear os quatro componentes como quatro tempos.

lá e para cá, eu custo a entender que meu incômodo tem uma razão concreta: o som da televisão.

Este primeiro tempo do processo da CNV, de observar os fatos, implica um movimento anterior: perceber e reconhecer que eles estão ali. Isso requer uma escuta acolhedora e hospitaleira dos fatos, gestos, acontecimentos que estão nos afetando. É triste, mas podemos passar uma vida nos negando a escutar esses acontecimentos que afetam nosso bem-estar. Veremos isso mais adiante, quando falarmos sobre "A escalada dos conflitos".

Voltando ao processo, uma vez escutado e acolhido o fato, precisamos separá-lo da avaliação feita, pois, às vezes, ela está tão contaminada por nossa demora em reconhecer o que realmente está acontecendo que, diante de uma formiga, vemos um elefante. Uma coisa é falar: "Filho, você deixou o prato sujo na pia". Outra coisa é dizer: "Filho, você é muito bagunceiro". Adoro esse exemplo do prato na pia, pois o considero muito simples, fácil de entender e muito cotidiano (além disso, eu sou justamente aquele quem vive deixando o prato sujo na pia).

Uma maneira de separar o que observo do que avalio é aproximar a observação da palavra incontestável. Ser bagunceiro não é incontestável. É julgamento. Ser bagunceiro para um não necessariamente é o mesmo que para outro. Outro exemplo é o clássico "Você SEMPRE faz isso". *Sempre* não é incontestável. O que define em que momento o *de vez em quando* passa a ser *sempre*? Cadê a fronteira? Mas o prato está na pia. Isso é incontestável. "Ontem nós discutimos", isso é incontestável. "Sua calça está rasgada", é incontestável.

Em tempos de *fake news* e pós-verdade, defender os fatos, não da forma como são avaliados, mas de serem ou não validados, é um dever cívico. Cancelar pessoas virou uma prática e busca-se estender essa prática aos fatos. "Nazismo é de extrema direita? Cancela. Bota que é de esquerda." "Escravidão? Não gosto, cancela. Os negros entraram nos navios voluntariamente." "Pirâmides? Cadê? Não estou vendo."

Estou escrevendo estas linhas no dia em que passamos a marca de trinta mil mortos na pandemia do novo Coronavírus. Isso é um fato. Dados oficiais. Avaliar seria dizer, "trinta mil mortos e o governo federal não fez nada, não temos ministro da saúde". "O governo federal não fez nada" é um julgamento. "Não temos ministro da saúde" é um fato. Incontestável.

Distinguindo observações de avaliações

A tabela a seguir distingue observações isentas de avaliações daqueles que têm avaliações associadas.

Comunicação	Exemplo de observação com avaliação associada	Exemplo de observação isenta de avaliação
1. Usar o verbo *ser* sem indicar que a pessoa que avalia aceita a responsabilidade pela avaliação.	Você é generoso demais.	Quando vejo você dar para os outros todo o dinheiro do almoço, acho que está sendo generoso demais.
2. Usar verbos de conotação avaliatória.	João vive deixando as coisas para depois.	João só estuda na véspera das provas.

(continua)

(continuação)

Comunicação	Exemplo de observação com avaliação associada	Exemplo de observação isenta de avaliação
3. Implicar que as interferências de uma pessoa sobre os pensamentos, sentimentos, intenções ou desejos de outra são as únicas possíveis.	O trabalho dela não será aceito.	Acho que o trabalho dela não será aceito. Ou: ela disse que o trabalho dela não seria aceito.
4. Confundir previsão com certeza.	Se você não fizer refeições balanceadas, sua saúde ficará prejudicada.	Se você não fizer refeições balanceadas, temo que sua saúde fique prejudicada.
5. Não ser específico a respeito das pessoas a quem se refere.	Os estrangeiros não cuidam da própria casa.	Não vi aquela família estrangeira da outra rua limpar a calçada.
6. Usar palavras que denotam habilidade sem indicar que se está fazendo uma avaliação.	Zequinha é péssimo jogador de futebol.	Em vinte partidas, Zequinha não marcou nenhum gol.
7. Usar advérbios e adjetivos de maneiras que não indicam que se está fazendo uma avaliação.	Carlos é feio.	A aparência de Carlos não me atrai.

Fonte: ROSENBERG, M. **Comunicação não-violenta**. São Paulo: Ágora, 2006.

Sentimentos que decorrem de como somos afetados pelos fatos

Quantos sentimentos você é capaz de reconhecer e nomear? Tristeza, alegria, raiva, felicidade, medo, inveja... e, com algum empenho, frustração, saudade... Você não está sozinho nessa. Nós não fomos minimamente alfabetizados em termos de emoção e sentimentos. Sem repertório, sempre tivemos enorme dificuldade para expressar o que estávamos sentindo. E, claro, o que não reconheço em mim, como vou reconhecer no outro? Imagine o lapso relacional que isso causa. Como podemos ser empáticos quando nos dizem, por exemplo, que estão se sentindo desconcertados se não sabemos bem o que é isso? *Google, help me?* Se fosse assim seria fácil. Entender emoções e compreender os seus significados requer proximidade entre a experiência do corpo e da palavra. E isso nos foi sempre sufocado. Doeu? "Casa que passa." "Homem não chora."

A falta de repertório para expressar o que estamos sentindo nos leva inconscientemente a procurar alternativas linguísticas para expressar o que não sabemos nomear. Uma dessas alternativas mais comuns age como uma avó protetora que tenta nos proteger dos sentimentos – afinal, sentimentos podem doer – e imputa aos outros o que estamos sentindo. Palavras como traído, abandonado, incompreendido, enganado são percepções legítimas, porém Marshall Rosenberg as considera como *pseudossentimentos*, pois dependem do outro para que sejam reconhecidas. Uma boa maneira de entender a diferença entre sentimentos e pseudossentimentos é pensar no jogo de mímica. O sentimento de tristeza você consegue interpretar sozinho. Fez uma cara triste e o pessoal já acerta. Mas traído, por exemplo, você não consegue sozinho. Você tem que fazer o seu papel e o papel do outro traindo você.

Ou seja, é um sentimento que depende de terceiros. Saiba que entender isso foi difícil para mim. Entender e aceitar. Quando escutei, na minha pós-graduação, que "o que o outro sente não depende de você", quase subi nas paredes. Como assim?? "Sou palhaço, levo alegria para as pessoas!" Fiquei de mal. Custei a aceitar que o meu superpoder de palhaço não era tão "super" assim. Levou um tempo para que eu entendesse que levava para as pessoas apenas um estímulo para que elas ficassem alegres. E não *a* alegria. O que cada um fazia com meu estímulo era responsabilidade deles.

Se por um lado a CNV me revelou que eu não era tão importante assim, por outro, me ajudou a fazer uma dieta no meu ego e a manter o colesterol da vaidade em dia.

Necessidades e as estratégias que usamos para atendê-las

Se não fomos educados a reconhecer nossos sentimentos, que dirá reconhecer as necessidades que os originam? E fazer distinção entre o que manifestamos como estratégias e a real necessidade que temos no coração? É muita sofisticação para quem teve uma educação cuja raiz é quadrada.

Como vimos no Capítulo 10, nossos corações costumam se separar (dis-cordar) a respeito das estratégias que cada um de nós encontra para atender uma necessidade essencial e compreensível. "Todo mundo quer amor, todo mundo quer amor de verdade", cantam os Titãs conectando todos por uma necessidade humana universal, mas os mesmos Titãs nos lembram que "a gente quer prazer" como estratégia "para aliviar a dor". Sexo, cigarro, drogas, chocolate e tudo o mais que a gente possa usar como solução para tentar tapar nossos buracos afetivos.

Sentimentos relacionados a necessidades não atendidas:

INCOMODADO
Aborrecido
Amargo
Exasperado
Frustrado
Impaciente
Irritado
Mal-humorado
Nervoso

COM RAIVA
Agitado
Chateado
Enfurecido
Exasperado
Furioso
Indignado
Irado
Ressentido

AVERSÃO
Antipatia
Chocado
Com nojo
Desprezo
Horrorizado
Repulsa

CONFUSO
Atordoado
Desnorteado
Desorientado
Dividido
Hesitante
Intrigado
Mistificado
Perdido
Perplexo

DESCONFORTO
Agitado
Alarmado
Assustado
Chocado
Desconcertado
Desconfortável
Inquieto
Perturbado

Preocupado
Surpreso
Transtornado
Turbulento

DESCONECTADO
Apático
Desinteressado
Distante
Distraído
Entediado
Entorpecido
Indiferente
Retraído

CONSTRANGIDO
Culpado
Envergonhado
Tímido

TEMEROSO
Angustiado
Ansioso
Apavorado
Apreensivo
Assustado
Aterrorizado
Com medo
Em pânico
Hesitante
Nervoso
Paralisado
Preocupado
Receoso
Tenso

COM DOR
Agoniado
Arrasado
Arrependido
De coração partido
Em luto
Magoado
Miserável
Remorso
Solitário

TRISTE
Abatido
Aflito
Consternado
Deprimido
Desanimado
Desapontado
Desencorajado
Infeliz
Miserável
Saudades
Sem esperança

ESTRESSADO/CANSADO
Apático
Esgotado
Exausto
Fatigado
Sonolento

VULNERÁVEL
Cauteloso
Delicado
Desconfiado
Frágil
Indefeso
Inseguro
Instável
Reservado
Sensível

ANSEIO
Com ciúmes
Com inveja
Desejante

Sentimentos relacionados a necessidades atendidas:

AFETO
Afetuoso
Amigável
Amoroso
Carinhoso
Compassivo
Simpático

INTERESSADO
Absorto
Atento
Comprometido
Curioso
Encantado
Estimulado
Fascinado
Intrigado

CONTENTE
Admirado
Alegre
Animado
Cheio de energia
Emocionado
Encorajado
Entretido
Entusiasmado
Esperançoso
Feliz
Grato
Inspirado
Maravilhado
Motivado
Otimista
Revigorado
Satisfeito
Vivo

GRATO
Agradecido
Apreciativo
Comovido
Tocado

ESPERANÇOSO
Com expectativas
Encorajado
Otimista

EM PAZ
Aliviado
Calmo
Centrado
Composto
Confortável
Contente
Pleno
Relaxado
Satisfeito

DESCANSADO
Alerta
Energizado
Forte
Reanimado
Rejuvenescido
Relaxado
Renovado
Revigorado
Vivo

As palavras a seguir às vezes são confundidas com sentimentos quando, de fato, são percepções:

Abandonado
Abusado
Acusado
Ameaçado
Atacado
Criticado
Desconsiderado
Enganado
Ignorado
Incompreendido
Intimidado
Manipulado
Negligenciado
Pressionado
Provocado
Rebaixado
Rejeitado
Sobrecarregado
Traído

Fonte: COLAB COLIBRI. Disponível em: colabcolibri.com/cnv. Acesso em: 06 mar. 2021.

"Eu quero me esconder debaixo dessa sua saia para fugir do mundo",[44] canta Martinho da Vila para expressar a necessidade de acolhimento do protagonista de sua composição. Assim, quando alguém nos diz "eu preciso ir para a praia", provavelmente está expressando sua necessidade de descanso. E a frase terrível de escutar, "eu quero que você vá embora", está nos dizendo que o outro precisa de recolhimento. Desatar os nós que misturam o quê (necessidades) do como (estratégias) requer o exercício de uma atitude fundamental: escutar. Só uma escuta verdadeiramente hospitaleira pode nos ajudar a colher da estratégia a real necessidade que ela busca atender. É nesse momento, como veremos no próximo capítulo, que a escuta passa da hospitalidade para o hospital, um lugar/momento em que o cuidado se expressa na forma de silêncio hospitalar e de perguntas (e não de respostas) que possibilitem a escuta de nós mesmos. É nesse percurso de escuta que se desenvolve a empatia, e é a forma mais ou menos empática com que lidamos com os conflitos que dá origem ou delimita os nossos confrontos.

A comunicação não violenta oferece um percurso de escuta para que a gente consiga fazer os pedidos de que precisamos para o nosso bem-estar, e a qualidade desses pedidos depende do grau de consciência que temos sobre as nossas reais necessidades. O primeiro passo para que sejamos capazes de compreender e expressar o que está vivo em nós é acolhermos a nossa vulnerabilidade como parte indissociável da nossa humanidade. O segundo passo é termos coragem de expressá-la. A construção dessa coragem passa inevitavelmente pela reconexão com a urgência intrínseca de nossas vidas. Um dia não estaremos mais aqui. O momento de se despedir, falar, pedir e abraçar é agora.

---

44. "Disritmia." Intérprete: Martinho da Vila. *In: 20 Anos de Samba*. BMG Brasil. Faixa 24.

As necessidades a seguir são agrupadas em categorias de necessidades-chave, 3 meta-categorias e 9 subcategorias

BEM-ESTAR (PAZ)
Sustento/Saúde
Abrigo
Abundância/prosperidade
Alimento
Descanso, dormir
Exercício físico
Saúde integral
Suporte/ajuda
Sustentabilidade
Vitalidade, energia, estar vivo

Segurança
Confiança
Conforto
Estabilidade
Familiaridade
Fé
Ordem, estrutura
Previsibilidade
Proteção contra danos
Segurança emocional

Descanso/Recreação/ Diversão
Aceitação
Apreciação, gratidão
Beleza
Consciência
Equanimidade
Equilíbrio
Espaço
Facilidade
Humor
Movimento
Plenitude
Rejuvenescimento
Relaxamento
Simplicidade
Tranquilidade

CONEXÃO (AMOR)
Amor/Cuidado
Afeto, carinho
Beleza
Compaixão, gentileza
Companhia
Conexão sexual
Importar/ser valorizado
Intimidade
Proximidade, toque
Respeito, ser honrado
Valorização

Empatia/Compreensão
Aceitação
Autoestima
Comunicação
Conhecer (conhecer/ser conhecido)
Consciência, clareza
Consideração
Ouvir (ouvir/ser ouvido)
Presença, escuta
Receptividade
Reconhecimento
Respeito, igualdade
Sensibilidade
Ver (ver/ser visto)

Comunidade/ Pertencimento
Companheirismo
Confiabilidade
Cooperação
Generosidade
Harmonia, paz
Hospitalidade, acolhimento
Inclusão
Interdependência
Mutualidade, reciprocidade
Parceria, relacionamento
Suporte, solidariedade
Transparência, franqueza

AUTOEXPRESSÃO (ALEGRIA)
Autonomia/
Autenticidade
Autorresponsabilidade
Clareza
Congruência
Consistência
Continuidade
Dignidade
Escolha
Honestidade
Independência
Integridade
Liberdade
Poder, empoderamento

Criatividade
Aventura
Descoberta
Espontaneidade
Estar vivo
Iniciativa
Inovação
Inspiração
Mistério
Paixão

Significado/Contribuição
Apreciação, gratidão
Aprendizado, clareza
Autoestima
Autorrealização
Celebração, luto
Conquista, produtividade
Crescimento
Desafio
Eficácia
Eficiência
Excelência
Habilidade, perícia, proficiência
Mistério
Participação
Propósito, valor
Retroalimentação, feedback

Fonte: COLAB COLIBRI. Disponível em: colabcolibri.com/cnv. Acesso em: 06 mar. 2021.

Pedir com clareza e entender que o outro pode dizer uma palavrinha chata: Não.

Marshall Rosenberg conta uma história divertida de uma senhora que, sentindo-se muito só, diz ao marido que ela gostaria que ele não trabalhasse tanto. Passam alguns dias e ele todo contente anuncia: "Querida, obrigado pelo conselho, me matriculei no curso de golfe".

Temos muita facilidade para expressar o que não queremos, mas o contrário é bem complicado. Dizer claramente o que necessitamos requer autorresponsabilidade pelo que sentimos e o que precisamos. Por isso é mais fácil falar "você trabalha muito" em vez de "eu sinto a sua falta". Solicitada a reformular o pedido, a senhora disse: "Eu queria ter lhe dito que desejava que ele passasse pelo menos uma noite por semana em casa comigo e com as crianças".[45]

Outra confusão muito comum e, digamos, conveniente, é acharmos que pedidos são ordens. Isso é tão entranhado que fazemos sem nem perceber, e até mesmo com as melhores intenções. Quantas vezes já fiz exatamente isso: "Pessoal, gostaria de pedir para nos sentarmos em uma roda, pode ser? Puxem as cadeiras". Por mais legal e colaborativo que seja ficar em roda, a fala não foi um pedido, foi uma ordem. Se ficar em roda for uma condição indispensável para a atividade, é preciso se responsabilizar pelo comando e dar sentido a ele. Nesse caso, a fala mais correta e clara seria: "Pessoal, para este trabalho preciso que as cadeiras estejam dispostas em roda para que todos se olhem".

---

45. ROSENBERG, M. **Comunicação não-violenta**. São Paulo: Ágora, 2006. p. 114.

Costumamos travestir nossas ordens como pedidos para que nossas palavras não soem duras ou antipáticas. Mas, na verdade, o que é duro e antipático para quem recebe não é exatamente ter que fazer alguma coisa, mas ter que fazer alguma coisa sem saber o porquê. Pedidos devem ser o fim de um percurso de criação de sentido – tornar claro que necessidades os levam a ser formulados – e porta de entrada para outro ciclo que depende da resposta ao pedido. Se compreendermos juntos o pedido como um convite para esse novo ciclo, teremos menos inclinação a confundir o ato de fazer pedidos com a falta de autonomia para tomar as decisões.

> Podemos nos sentir mais ou menos dependentes do outro a partir da economia de nossos pedidos, mas essa sensação de dependência não deveria interferir no nosso sentimento de autonomia. Ao contrário. Pedir nos desloca da posição de observador passivo para uma posição ativa, de autor comprometido. É um ato de coragem. Quem pede se coloca diante do risco, pode ou não ser atendido, pode ou não ter seu pedido sancionado como válido (ainda que seja insatisfeito). Mas atenção: pedido não é uma ordem. Aliás, este é o sinônimo pior que pode haver para ser escutado: ou seja, ser obedecido. Quando o pedido é atendido, gera uma expectativa de retribuição, que novamente pode ou não ser atendida.

Quando nossos pedidos não podem ser atendidos, mas há espaço para conversa, inicia-se um jogo que pode e deveria ser colaborativo: a negociação. Nossos ouvidos custam a entender a associação entre negociação e jogo colaborativo. Durante toda a vida nos ensinaram que um bom negócio é aquele em que ganhamos, do qual saímos por cima, tiramos vantagem, como divulgava a antiga propaganda de cigarros protagonizada pelo jogador Gérson.[46] No entanto, negociar pode ser uma extraordinária oportunidade de investigação sobre o que há de comum em nossos interesses. Para a mediadora de conflitos Ana Paula Peron,[47] uma boa negociação implica:

- Ter clareza do que realmente é importante para si na negociação;
- Ter o desejo de ter clareza do que é realmente importante para o outro;
- Acreditar que é possível criar possibilidades – ações, soluções, opções – para que ambos sejam atendidos no que é realmente importante;
- Ter consciência de que uma negociação é um processo colaborativo e, para tanto, é preciso desapegar do que se quer para compor com o outro o que for possível.

Desapego é palavra-chave, e, no picadeiro das negociações, desapegar implica, antes de tudo, domar as feras do poder que julgamos (ou queremos) exercer sobre os outros. Em alguns ambientes, relações e contextos, falar em abdicar do poder é tão descabido quanto pedir para não respirar. Normalmente, em casa, o pai ou a mãe falam e o filho obedece. E ponto-final. Na escola, a mesma coisa. A professora ou o professor

---

46. Na propaganda, o jogador de futebol Gérson de Oliveira Nunes, conhecido como "Canhotinha de Ouro", fala sobre levar vantagem em tudo ao divulgar a marca de cigarro Vila Rica. Disponível em: https://www.youtube.com/watch?v=fh9u_amafFI. Acesso em: 06 mar. 2021.
47. Ana Paula Peron é mediadora de conflitos e cofundadora da Lapidar. Disponível em: https://www.lapidar.me/. Acesso em: 10 mar. 2021.

falam e fim de papo. E quando há um pouco de espaço para dúvidas ou escolhas coletivas, resolve-se a questão na base da votação, uma prática que, dependendo do contexto em que se é inserida, funciona apenas como uma maneira rápida de dizimar o diálogo.

18 | A escuta

A qualidade da nossa escuta varia de acordo com a intenção com a qual iremos para uma conversa. Se vamos debater algo, certamente nosso desejo será vencer ou, no mínimo, convencer. Nesse modelo de conversa, típico da competição, a nossa escuta tem por objetivo desqualificar a fala do outro e filtrar aspectos dela que sirvam ao nosso propósito. Quando se tem no outro um oponente a ser abatido, como no debate, por exemplo, usamos e abusamos de frases iniciadas por conjunções adversativas, como "mas", "por outro lado", "porém" e até mesmo expressões como "tantos por cento dos brasileiros". Se por um descuido em nossa guarda percebemos que concordamos com o outro, tentamos nos recuperar com um salvador "ainda assim". À medida que os ânimos se acirram, vamos nos valendo de outros recursos mais agressivos, como acuar o oponente utilizando expressões coletivizantes: "Ninguém vê isso com bons olhos!" ou "Todo mundo sabe que não é bem assim". Sem explicarmos muito bem quem é ninguém ou quem é todo mundo, trazemos esse povo oculto para reforçar não apenas os nossos argumentos, mas de qual lado estamos, situação clássica de quando passamos a escalar os conflitos, segundo o economista e mediador Friedrich Glasl, que verificou um padrão em forma de escada para quando travamos batalhas com terceiros.[48] Ainda segundo ele, o modelo é feito por uma escada de 9 degraus, iniciando-se sempre pelo degrau mais alto e descendo a escada conforme o conflito cresce. Na prática, Glasl quis trazer a alusão de que afundamos ou descemos "ladeira abaixo" quando não conseguimos usar as ferramentas corretas para acabar com o confronto.

Por outro lado, quando nossa intenção não é competir, mas cooperar com o outro para chegarmos a um termo comum, a nossa escuta se torna permeável, acolhedora, compassiva, lúdica e empática. O psicanalista Christian Dunker e eu entendemos que a escuta cooperativa tem um processo não linear, que se desenvolve em quatro tempos que chamamos de "Os quatro agás da escuta":[49]

- **Hospitalidade:** acolher o que o outro diz na sua linguagem e no seu tempo próprio.
- **Hospital:** ter cuidado com as palavras como se cuida da relação entre os que se encontram debilitados.
- **Hospício:** permitir-se ser quem é, abrindo-se ao estrangeiro, em nós e no outro, com todas as incoerências e contradições.
- **Hospedeiro:** carregar, compartilhar e transmitir a experiência vivida.

---

48. Escalada do conflito. Instituto Juriti, 2020. Disponível em: https://www.institutojuriti.com.br/post/escalada-do-conflito#:~:text=O%20economista%20e%20mediador%20austr%C3%ADaco,(ou%20espiral)%20do%20conflito. Acesso em: 07 mar. 2021.
49. DUNKER, C.; THEBAS, C. **O palhaço e o psicanalista**. São Paulo: Planeta, 2019. p. 95.

A porta de entrada para a escuta lúdica, cooperativa e empática é a vulnerabilidade. Quando *deixamos entrar* a realidade pela nossa porta, acolhendo-a verdadeiramente, permitimos que o outro possa ver tudo o que passamos também pela porta aberta para podermos estar ali diante dele. Isso nos conecta, pois ele igualmente está cansado em sua jornada e, como você, o que mais precisa é de uma pausa, um ponto de parada, uma hospedagem onde possa descansar.

A *escuta hospitaleira* acolhe o viajante, seja quem ele for, esteja ele como estiver. Uma antiga tradição do Império Turco-Otomano pregava que o anfitrião só poderia falar depois que o hóspede falasse. A primeira palavra era do viajante para sinalizar que a casa era tão sua que enquanto ele ali estivesse hospedado a sua língua é que valeria, assim como seus costumes. Nessa antiga tradição, o silêncio do anfitrião nos lembra que ser hospitaleiro requer o cultivo de um silêncio interno. Não um silêncio de ausência, mas de presença, respeito e consideração pela palavra do outro. Um silêncio que se movimenta internamente para nos deixar despertos, mas não ostensivos; atentos, mas não vigilantes.

> Esse silêncio pode acontecer de várias maneiras, mas sempre terá o feitio de um parêntese ou de uma descontinuidade. É assim que passamos da *hospitalidade* para o *hospital*, nesse intervalo da vida no qual podemos cuidar de nós mesmos. Fins de semana podem ser como hospitais para a rotina devoradora de almas [...] Hospitais são lugares de cuidado e silêncio, de meditação e parada. Depois de acolher o outro, a escuta deve tratar, colocar em cima da mesa, trazer à luz, colocar em situação e partilha o que nos inquieta.[50]

---

50. DUNKER, C.; THEBAS, C. **O palhaço e o psicanalista**. São Paulo: Planeta, 2019. p. 98.

No segundo tempo da escuta, o *cuidado hospitalar* é uma consequência do conforto da hospedagem. Quem faz longas caminhadas, como o Caminho de Santiago, por exemplo, sabe que aqui e ali se encontram os paradores, local de acolhida do peregrino. Nesses locais de acolhimento, o cuidado é um fluxo secular e ininterrupto. Neles o peregrino deixa os provimentos de que não mais precisa e leva os que serão úteis dali em diante em sua caminhada. Da mesma maneira, no tempo da escuta hospitalar o caminhante sente-se seguro para deixar sobre a mesa as suas mazelas e carregar consigo o zelo que lhe é dedicado.

O acolhimento e o cuidado genuínos nos conduzem ao terceiro agá da escuta, um lugar estranho em que o estranho de nós mesmos se sente livre, acolhido e cuidado o suficiente para ter coragem de se manifestar.

> É o lugar de nossa própria loucura [...]. Lugar onde ambos se permitem ser como são. Uma boa escuta não deve se intimidar diante da experiência do *hospício*. Ela deve atravessá-lo como parte decisiva do encontro e da redescoberta do mundo e de si [...]. Na nossa loucura sempre se insinua, ainda em voz confusa ou abafada, um fragmento de nosso desejo. E por isso uma vida que não enfrenta as próprias loucuras, inocências, contradições ou irracionalidades é uma vida pobre, que adia a questão do desejo. Quanto ao que queremos na vida e ao que somos, deixemos isso para depois. Quanto às perdas, decepções e incertezas, o amargo remédio universal: *trabalha que passa*.[51]

---

51. DUNKER, C.; THEBAS, C. **O palhaço e o psicanalista**. São Paulo: Planeta, 2019. p. 101, 103.

O ciclo da escuta se fecha para se reiniciar ininterruptamente no agá de hospedeiro. É quando o peregrino vai embora e tanto ele quanto seu anfitrião tornam-se portadores e transmissores da experiência vivida.

Na comunicação não violenta e na linguagem do palhaço, como artes do encontro, a escuta segue o fluxo empático dos quatro agás tanto no que promove de acolhimento e cuidado de si quanto do outro. Saber escutar é a habilidade essencial do palhaço, sobretudo os que trabalham em relação direta e real com as pessoas. Todas as outras técnicas, como acrobacias, malabares, mágicas, por exemplo, são artifícios utilizados no início da apresentação como iscas para que o encontro aconteça. O palhaço aproveita esse momento inicial, que chamamos de *convocatória*, para ir "sentindo a temperatura" daquele coletivo que se forma em tempo real na sua frente. Para um bom palhaço, não existe plateia. Existe *essa* plateia, com *essas* pessoas, com *esses* humores, que somados compõem o humor coletivo. Aos poucos o palhaço vai escutando a "frequência" da plateia e vai se sintonizando no mesmo canal.

Uma vez que o palhaço e a plateia "parearam seus *bluetooths*",[52] o desafio passa a ser a manutenção do fluxo de conexão. Para isso, o palhaço deve se empenhar para escutar as necessidades desse público que são dinâmicas, tentar compreendê-las e buscar em seu repertório o que poderia atender (ou tentar atender) as necessidades detectadas. Acredite, o simples fato de o palhaço *reconhecer as necessidades* do grupo, ainda que não tenha como atendê-las, é suficiente para que ele e a plateia se conectem afetivamente: "Gente, estou vendo que vocês estão com calor, querem

---

52. "Parear o *bluetooth*" é o termo com o qual o educador, músico e palhaço Álvaro Lages nomeia este processo de escuta global e de ajuste de sintonia. Ele pediu para dizer que acha muito chique estar em uma nota de rodapé.

que aumente o ar-condicionado?" ou "Quem está cansado pra caramba depois de um dia inteiro de convenção levanta a mão! Agora levanta quem ficou com vergonha de assumir!".

Nesse ponto, paro um instante para fazer uma brincadeira. O parágrafo a seguir é quase igual ao parágrafo acima. Só troquei as palavras "palhaço", "plateia", "público", "ele" e "grupo" por outras que estão em *negrito*. Vamos brincar e ver o que acontece: "Uma vez que *você* e o *outro* "parearam seus *bluetooths*", o desafio passa a ser a manutenção do fluxo de conexão. Para isso, *você* deve se empenhar em escutar as necessidades *do outro*, que são dinâmicas, tentar compreendê-las e buscar em seu repertório o que poderia atender (ou tentar atender) as necessidades detectadas. Acredite, o simples fato de *você* reconhecer as necessidades *do outro*, ainda que não tenha como atendê-las, é suficiente para que *você* e o *outro* se conectem afetivamente".

Criei essa brincadeira para tornar concreta as similaridades entre a arte do palhaço e a comunicação não violenta. Assim como Marshall Rosenberg ao definir a CNV poderia estar falando de palhaçaria, quando descrevo o processo de escuta entre palhaço e plateia, eu também poderia estar falando do mesmo tema.

19 | As duas partes da comunicação não violenta

Quando falamos sobre comunicação não violenta, segundo Marshall Rosenberg, podemos dividi-la em duas partes: a primeira é expressar-se de acordo com quatro componentes essenciais (observar sem avaliar, expressar seus sentimentos, reconhecer e expressar suas necessidades distinguindo-as das estratégias, e, finalmente, fazer um pedido claro e objetivo); a segunda, por sua vez, é apoiar-se nos quatro componentes para receber o outro com empatia.

Esse processo, como já falamos, inicia-se pela escuta de si. Marshall fala que para isso podemos colocar "as orelhas da CNV" para que elas nos ajudem, como uma tecla SAP, fazendo com que possamos traduzir empaticamente o que o outro está querendo nos dizer, e não o que – ou como – está dizendo. Isso requer o exercício dos quatro agás da escuta: *hospitalidade*, para receber o outro como ele estiver e acolher as palavras dele como chegarem. Momento em que o viajante exausto joga suas mochilas no chão, sem cuidado, cansado de tanto carregá-las. A escuta hospitaleira aqui acolhe o movimento sem julgamento nem crítica. O hóspede precisa se esvaziar.

O próximo agá é o *hospital* em que cuidamos do outro por meio do cuidado com as suas palavras e atitudes. É um momento em que pequenas perguntas e pontuações podem surtir o efeito terapêutico de que o outro se escute ao tentar respondê-las. Conhecendo os quatro componentes da CNV, você pode formular questões que o ajudem a reconhecer seus sentimentos e necessidades. Não há tempo certo para ficarmos no hospital. Perceberemos que transitamos para o próximo agá quando sentirmos que o que estava oculto ou não nomeado começa a emergir. Quando ele passa a tocar a superfície do que ele nem sabia sobre si mesmo. Quando as suas necessidades ganham nome próprio sem precisar se esconder, significa que chegamos ao agá do *hospício*. Acolhido e cuidado, ele pode agora simplesmente *ser*. O último agá da escuta se concretiza no quarto tempo da comunicação não violenta. Quando somos inoculados com o pedido do outro e nos tornamos portadores do que ele sente e precisa, temos agora o agá do *hospedeiro*. Quando transmitirmos a ele a nossa resposta, ele se tornará o anfitrião que já fomos dele e reiniciaremos o ciclo da CNV e da escuta.

20 | O julgamento do julgamento

Nas minhas apresentações de palhaço em eventos corporativos, sempre peço para que não tenha música na entrada. Gosto de iniciar assim, só eu, minha mala, passando no meio da plateia, que, na maioria das vezes, é muito numerosa, duzentas, trezentas, quinhentas pessoas. A travessia silenciosa tem propósitos estratégicos e pedagógicos. Vale aqui comentar que a figura do palhaço em minhas apresentações corporativas não tem caráter de entretenimento. Nada contra o entretenimento, é claro, minhas questões dizem respeito apenas à forma e ao propósito como é inserido. Meu trabalho é divertir, não entreter. São coisas diferentes. Tive clareza disso muitos anos atrás, quando, depois de uma apresentação que tinha como única finalidade entreter as pessoas, me senti triste. Havia chegado cedo como sempre faço para me ambientar e sentir o clima, e por isso fui testemunha do quanto o dia tinha sido difícil para todos ali naquela sala de convenções. Falas duras sobre metas não alcançadas, expectativas de demissões, gráficos, gráficos e mais gráficos em intermináveis apresentações cheias de PowerPoint. Olhava as pessoas e elas estavam cabisbaixas. Tristes mesmo. A minha apresentação, ao fim do evento, parecia ter a única finalidade de fazer com que todos saíssem "pra cima", com a sensação momentânea de que um dia ruim tinha sido bom.

Me senti ferindo meu propósito. Não sou palhaço para anestesiar as pessoas. Tenho o desejo genuíno de ajudar a despertá-las. Diversão deriva do latim *divertere*, virar-se, mudar o ângulo, ver por outro lado.[53] Divertir-se é despertar o olhar para outro jeito de ver a realidade. O riso que o palhaço provoca não é o do entretenimento, mas o da diversão. O entretenimento distrai, a diversão desperta. Desde esse dia passei a tirar o meu nariz vermelho no fim das apresentações e promover reflexões sobre o que foi vivido na experiência da relação entre mim, palhaço, e a plateia.

Entre tantas ponderações acerca de escuta, pertencimento e confiança, conversamos sobre o propósito da minha entrada sem música pelo meio do público. Explico que faço isso para que a gente possa conversar sinceramente sobre um assunto muito importante: o julgamento. Eu lhes lembro de que enquanto eu passava ali no meio, sem nenhuma trilha sonora que amenizasse a minha presença, podia observar o desconforto de vários deles. Era palpável. Palhaços são estigmatizados. Têm uma péssima imagem e gozam de reputação pior ainda. Somos associados a maus-tratos, pagar mico e a assombrações de filmes de terror. Quando eu entro pelo meio da plateia, as pessoas que ficam desconfortáveis estão vendo esses palhaços que estão armazenados em suas experiências e crenças anteriores, não eu. É por isso que, assim que chego ao palco, eu olho para as pessoas e

---

53. Diversão. **Origem da Palavra**, 2018. Disponível em: https://origemdapalavra.com.br/palavras/diversao/. Acesso em: 07 mar. 2021.

digo sinceramente: "Eu sei que muitos de vocês não se sentem confortáveis com a minha presença. Sei que nós, palhaços, temos fama de fazer grosserias. Mas peço que vocês olhem atentamente para mim. *(Dou uma breve pausa.)* Tenho jeito de quem vai maltratar alguém? Garanto a vocês que, se uma única pessoa se sentir desrespeitada, para mim a apresentação terá sido um fracasso". Conto então sobre a percepção do alívio em seus corpos depois da promessa de bom-trato e, em resposta, eles sempre concordam com a cabeça. Mas eu continuo: "Seria justo julgá-los por terem me julgado inicialmente? Por terem ficado desconfortáveis?". Após breve burburinho, respondo: "Estou convicto de que não. Vocês simplesmente não tiveram alternativa". Nesse momento, dou a eles a explicação da minha amiga neuropesquisadora Inês Cozzo para o "fenômeno" do julgamento instantâneo. Ela ensina que os seres humanos levam entre um e um ano e meio para aprender a palavra "porta", objeto mágico que nos leva para fora ou para dentro. Uma vez que aprendemos porta, o cérebro escaneia a experiência, armazena características daquilo e, toda vez que nos deparamos com algo com aquelas características, transfere a aprendizagem. Isso acontece em apenas um vinte avos de segundo. Maravilhoso. A vida seria um inferno se toda vez que nos·deparássemos com uma porta fizéssemos a pergunta: "O que é isso?". Não teríamos sequer sobrevivido à pré-história como espécie humana. O que é isso? TOIM! Um mamute. O que é isso? TOIM! Outro mamute.

Se, por um lado, a transferência instantânea de aprendizagem nos trouxe até aqui, por outro, oferece um problema. O nosso cérebro faz isso com mamute, porta, carro, bicicleta e… gente. E acrescenta-se um temperinho nesse processo. Nossa aprendizagem acontece de duas maneiras: ou por repetição – tabuada, por exemplo – ou por emoção. Nesse segundo caso, basta um evento para que aquilo seja aprendido. Pois bem, quando encontramos uma pessoa que tenha características de alguém que nos lembra uma única experiência emocionalmente negativa: pumba! Em um vinte avos de segundo nosso cérebro transfere para ela a aprendizagem, e falamos mesmo sem saber bem o motivo: "Não fui muito com a cara daquela pessoa". O inverso também vale: "Meu santo bateu com o dele na hora!". Um vinte avos de segundo e o julgamento foi feito.

E é por saber disso que peço para que as pessoas da plateia me olhem no início das apresentações. Ali me comprometo a não agir como o cérebro delas supõe que palhaços agem. Como sei que esse primeiro julgamento é instantâneo e inevitável, minha fala tem o objetivo de dar tempo para que elas saiam do modo "catálogo", me escaneiem e tenham condições de me oferecer um julgamento mais justo como um novo, particular e único indivíduo.

Esse julgamento instantâneo gerado pelo que Inês Cozzo chama de viés inconsciente se difere do outro, denominado por Marshall Rosenberg como julgamentos moralizadores. Esses são fruto de um elaborado processo anterior de construção de *juízos de valor* e estão relacionados ao quanto julgamos aqueles que agem em dissonância ao que acreditamos.

> É importante não confundir juízos de valor com julgamentos moralizadores. Todos fazemos juízos de valor sobre as qualidades que admiramos na vida; por exemplo, podemos valorizar a honestidade, a liberdade ou a paz. Os juízos de valor refletem o que acreditamos ser melhor para a vida. Fazemos julgamentos moralizadores de pessoas e comportamentos que estão em desacordo com nossos juízos de valor; por

exemplo, "A violência é ruim, pessoas que matam as outras são más".[54]

Termos consciência de por que e como julgamos pode nos ajudar, portanto, a modificar nosso comportamento em relação aos outros. Eles não são maus, nem bons, nem isso ou aquilo porque agem de acordo ou em desacordo com nossos valores. Lembrando aqui o que diz Jo Berry sobre Pat Magee, mostrando que, se tivesse vivido a mesma vida que ele, talvez teria feito as mesmas escolhas. O outro também não é o conjunto de informações inconscientes que nos abalroam em um vinte avos de segundo. É preciso dar tempo para entendermos que o encontro é *com esse* palhaço, *não com todos* que nos assustam.

A consciência do motivo e de como julgamos o próximo também pode nos permitir que sejamos mais compassivos com o próprio ato de julgar, oferecendo ao julgamento um tribunal mais justo. E a nós, reles mortais, que julgamos por medo, hábito, insegurança ou inconsciência, o necessário cuidado, para que acolhidos em nossa humanidade, possamos nos transformar. Dominic Barter,[55] discípulo de Marshall Rosenberg, diz em bela carta por ele postada em seu Facebook:

> Perdemos valioso tempo e reflexão procurando criticar o ato de interpretar. Entramos em espirais de contradição ao julgar negativamente o próprio ato de julgar. Essa nossa capacidade avaliativa é um valioso esforço de compreender, de comparar

---

54. ROSENBERG, M. **Comunicação não-violenta**. São Paulo: Ágora, 2006. p. 43-44.
55. Dominic Barter foi discípulo de Marshall Rosenberg e seu parceiro de trabalho por dezoito anos. Iniciou seus projetos com comunicação não violenta nos anos 1990.

o presente com os aprendizados do passado e as previsões do futuro. Buscamos padrões, rotulamos e diagnosticamos na procura dos significados e das melhores respostas. Onde nos perdemos e onde é criado um terreno fértil para a divisão, é em juntar o que acontece com o que pensamos dele [do acontecimento]. É a mistura entre o fato e nossas leituras dela [a resposta que encontramos] que nos leva a respostas perigosas, não o ato de observar ou o ato de interpretar em si. Nessa mistura, nós nos confundimos e potencialmente nos convencemos de que o julgamento que tomamos é o próprio fato.[56]

---

56. Dominic Barter (Brasil). 20 mar. 2020. Facebook: **Dominic Barter**. Disponível em: https://www.facebook.com/dominicbarter42/posts/2935201580039826/. Acesso em: 07 mar. 2021.

21 | Arriscar é preciso

O propósito essencial da CNV é promover conexão humana. Nas palavras de Marshall:

> [...] Identifiquei uma abordagem específica da comunicação – falar e ouvir – que nos leva a nos entregarmos de coração, ligando-nos a nós mesmos e aos outros de maneira tal que permite que nossa compaixão natural floresça. [...] Num nível mais profundo, ela é um lembrete permanente para mantermos nossa atenção concentrada lá onde é mais provável acharmos o que procuramos.[57]

Quando nosso o jeito "habitual" de conversar não está nos conectando, quando estamos brigando, discutindo, quando o clima está ruim e não conseguimos romper o ciclo, é preciso fazer alguma coisa a respeito. É preciso arriscar, com toda sua

---

57. ROSENBERG, M. **Comunicação não-violenta**. São Paulo: Ágora, 2006. p. 23-24.

imprecisão. Ilusão achar que, seguindo o fluxo natural, uma hora a gente se entende.

Ted Rau,[58] especialista em sociocracia, fala que o

> 'fluxo natural' é quando as pessoas falam no momento em que se sentem movidas a falar. É o que acontece fora de qualquer formato acordado. Estudos mostram que a ausência de intencionalidade em cada rodada (quando uma pessoa fala por vez) se manifesta em padrões opressivos.[59]

O pensamento acima é corroborado pelos mediadores de conflitos e especialistas em comunicação não violenta Sandra Caselato e Yuri Haasz:

> Muitas abordagens, métodos, técnicas, processos, metodologias e tecnologias sociais conseguem contrabalançar essa tendência humana de "reproduzir o conhecido", que dificulta e retarda transformações importantes nas diversas estruturas de poder das nossas sociedades. Dentre elas estão a comunicação não violenta (CNV); Abordagem Centrada na Pessoa (ACP); Processo U (Teoria U); Arte de Anfitriar Conversas Significativas (Art of Hosting – AoH), que engloba World Cafe, Pro Action Cafe, Apreciação Investigativa, Círculo etc.; Sociocracia; Democracia Profunda; Forum (Zegg); entre outras… Apenas o fato de buscarmos praticar uma dessas abordagens que desnormalizam as formas de interagirmos não é em si garantia de que não reproduziremos

---

58. Ted J. Rau é coautor do livro *Muitas vozes uma canção*: autogestão por meio da sociocracia, publicado pela Editora Voo em 2019.
59. Sociocracia. Disponível em: http://www.sociocracia.org.br/. Acesso em: 10 mar. 2021.

as estruturas e relações de poder nas quais fomos socializados e que se tornaram parte de nossa identidade. É um exercício constante manter um olhar questionador para perceber se inadvertidamente estamos reproduzindo os modelos que estamos buscando transformar.[60]

Vamos imaginar um fato cotidiano hipotético e ver como seria tentar abordá-lo sem a CNV, que chamo aqui de fluxo habitual. Depois de analisá-lo, faremos o mesmo exercício seguindo a CNV.

O fato

Você chega na cozinha e encontra o prato do seu filho sujo na pia. Os pratos que ele usou ontem e anteontem também ainda estão lá.

Fluxo habitual 1 – Eu que mando aqui, versão standard

"Carlos Eduardo, venha já aqui. Dou três minutos para estes pratos estarem limpos e guardados, entendeu?"

Fluxo habitual 2 – Eu mando aqui, versão "Surtei, mas quem nunca?"

"Carlos Eduardo, eu quero a *porra* dessa pia limpa agora, deu para entender?"

Fluxo habitual 3 – Eu que mando aqui, versão "Toma vergonha na cara!"

---

60. CASELATO, S; HAASZ, Y. Por que a gente não conversa normalmente?. Saúde Psicológica, 20 maio 2018. Disponível em: https://psicosaude.wordpress.com/2018/05/20/por-que-a-gente-nao-conversa-normalmente/. Acesso em: 10 mar. 2021.

"Carlos Eduardo, três pratos na pia! Três! Quem vai limpar, eu?"
Fluxo habitual 4 – Eu que mando aqui, versão "Sou fofo, até brinco"
"Cadu, que legal, você está deixando pratos sujos na pia. É para alguma exposição?"

Até este ponto, o foco foi ter a pia limpa. Não houve o desejo real de conexão empática. Vamos ver agora duas possibilidades de como seria sair do fluxo habitual e organizar a frase arriscando usar a CNV.

Fluxo CNV 1 – Como não sei bem, prefiro ser literal
"Filho, observei que você deixou três pratos sujos na pia, o de anteontem, o de ontem e o de hoje. Estou aflito, tenho muita necessidade de organização. Você estaria disposto a limpá-los e daqui para a frente, sempre que usar um prato, lavá-lo e colocá-lo no escorredor?"

Fluxo CNV 2 – Acho que já entendi, vou tentar do meu jeito
"Filho, estou vendo que você deixou três pratos sujos na pia. Me dá aflição ver a pia suja. Você pode lavá-los e, daqui para a frente, sempre que usar um prato, já lavar e colocar no escorredor?"

Alguns cuidados para incluir a estranheza e ela não soar como chatice ou arrogância

Marshall Rosenberg diz que é bom alertar as pessoas que a CNV pode fazer com que você passe a falar de um jeito meio esquisito. Concordo e já vi algumas discussões feias na minha frente por causa disso: "Você tem uma apostila no lugar do coração", "Eu não suporto quando você vem com esse jeito de falar!". O tom didático (fluxo CNV 1 anteriormente) pode soar arrogante e gerar respostas como: "Eu aqui com o coração na boca e você com essa frieza". Dependendo de como se traz a CNV para a conversa, ela pode sugerir um afastamento emocional, e geralmente o outro precisa muito sentir que você está ali de corpo, mente, alma e coração. Por melhor que seja a intenção de quem traz a CNV como um meio de tentar conexão, se a outra parte julgar que o momento está sendo utilizado apenas para um experimento conversacional, a chance de se irritar é grande. "Não vou ser cobaia das suas técnicas", eu já escutei.

Acredito que, se tivermos consciência de alguns aspectos intrínsecos da CNV e tomarmos alguns cuidados bastante fáceis, teremos mais chances de incluí-la com sucesso: gerar conexão.

1. CNV não é uma receita

Receitas pressupõem resultados escalonáveis. São impessoais, anônimas. Sugerem acerto ao fim de sua utilização. Com a receita para fazer um bolo de morango, no fim da experiência você terá… um bolo de morango. Encontros, porém, são sempre únicos, particulares, imprevisíveis e, por isso, sujeitos a resultados inesperados. Se você usar a CNV como uma receita esperando obter "um bolo de morango", corre o grande risco de se frustrar com a surpreendente torta de abacate que resultou no final.

2. CNV não é para qualquer situação

Cuidado para não se tornar o *Abominável Homem Muito Empático*.[61] A comunicação não violenta é uma ajuda valiosa quando

---

61. DUNKER, C.; THEBAS, C. **O palhaço e o psicanalista**. São Paulo: Planeta, 2019. p. 204.

a temperatura das emoções subiu e precisamos alterar a maneira como estamos nos comunicando naquele momento e naquela relação específica; assim, cuidado para não trazer a CNV para momentos em que ela não é pedida e, portanto, se transformar nessa criatura que claramente não entendeu ainda como a comunicação não violenta funciona.

3. CNV não é uma fórmula de convencimento

É muito comum algumas pessoas falarem: "Usei a CNV e não deu certo, fulano continuou fazendo a mesma coisa". Ora, o outro não fez o que você queria porque ele, simplesmente, é o *outro*. Costumamos confundir escuta com obediência e, como vimos anteriormente, pedir com mandar. Aplicamos muito essa lógica aos nossos filhos. Isso tem origem na maneira como também fomos educados: "Fala quem manda, obedece quem tem juízo". O outro continuou fazendo o que fazia porque pode ter escutado e não concordado; pode não ter escutado; pode ter escutado e entendido outra coisa; pode ter escutado, mas o acordo comum não ter sido feito entre vocês, ou sabe-se lá o que se passa ou não na cabeça e no coração dele. CNV não é um pó mágico de mudança de comportamentos, e ainda bem que isso não existe.

A comunicação não violenta é, antes, um percurso de escuta de si mesmo. E, mesmo quando oferecemos empaticamente a nossa escuta ao outro, a CNV ainda assim continua sendo um processo de escuta de si, pois escutar o outro é criar espaço para que ele se escute também. Trata-se, portanto, de um processo de percepção e de responsabilização sobre o que se sente, o que se precisa e o que se quer. O que o outro faz é responsabilidade dele. A sua responsabilidade é o que você faz com o que o outro faz.

4. A importância do convite

O convite, além de preparar o outro para a estranheza da conversa, tem vários poderes curativos, como o pertencimento, a inclusão e, principalmente, a recolocação das emoções. Além de incluir o outro, o convite cria uma pausa para que as emoções se recoloquem: "Fulano, estou triste porque nós brigamos ontem sobre a divisão de contas da casa. Quero muito que a gente consiga se escutar sem se machucar, então gostaria de propor outro jeito de conversar, pode ser?".

No momento exato em que é feita a proposta para o novo jeito de conversar, a raiva da briga de ontem, por exemplo, pode dar lugar ao medo da rejeição ou à vergonha de soar esquisito por propor algo diferente. Essa breve pausa não substitui a emoção anterior, mas oferece às partes envolvidas outra possibilidade de conexão a partir de outro sentimento. Uma trégua na raiva, para que se viva o medo ou a vergonha. Um novo diálogo emocional. Ou seja, o convite traz a emoção de que, às vezes, o outro pode sentir falta para um percurso que pode parecer mental.

5. Exercite o processo sozinho

É preciso treinar para se escutar e na hora do papo não soar mecânico. Participei de um treinamento corporativo com a querida especialista em CNV Carol Nalon e fiquei impactadíssimo com o poder de um "jogo de tabuleiro" que ela levou para os participantes. Importante dizer que, antes de ir para o tabuleiro, o grupo havia assistido a várias videoaulas da Carol, e que ele foi introduzido quase no fim do encontro presencial, depois de o grupo ter refletido bastante sobre a CNV e seus conceitos.

O jogo, simples e complexo, é um exercício de, literalmente, andar sobre os quatro tempos da comunicação não violenta. Para mostrar como se jogava, fui o primeiro a passar pelo tabuleiro a fim de que todos assistissem e entendessem.

"Traga para o jogo uma situação real, uma conversa difícil que você precisa ter", me disse a Carol. Não precisei pensar muito para me conectar com uma situação desagradável que estava vivendo com uma pessoa próxima no trabalho. Entrei no tabuleiro e instantaneamente fui abalroado pela percepção do quanto não sabia bem sobre o que sentia. Engasguei. Tive dificuldade em achar o nome daquilo que me incomodava havia tanto tempo. Conforme eu caminhava fui me dando conta de que também não sabia nomear o que precisava naquela relação, e isso tudo tornou claro o porquê da minha dificuldade em conversar com a pessoa envolvida no meu conflito.

Assim, o jogo que vou ensinar no próximo capítulo me causou imediatamente a boa desestrutura de quando nos percebemos entre um degrau e outro em nossa autoconsciência. Pedagogicamente falando, imagino como foi importante para o grupo observar que eu, que estava ali como facilitador, também me impactava com a experiência. Distribuímos, então, os "tabuleiros", e os participantes passaram a jogar entre eles. A reação foi imediata. As pessoas riam, choravam, e, ao fim da dinâmica, várias delas vieram nos agradecer como se tivessem ganhado um presente muito precioso para suas vidas: "Carol, nem sei como agradecer, vou exercitar isso para poder conversar com meu marido" e "Acho que, depois dos vídeos e das conversas, esse jogo vai me ajudar a conversar com a minha gestora".

22 | O jogo do lobo

Número de participantes: De 1 a 3.
Personagens: O Outro, o Navegante e o Observador.
Material necessário: Cinco folhas de papel-sulfite e uma caneta de bastão.
Preparação: Com os papéis na horizontal, escreva uma das palavras a seguir em cada uma das folhas: LOBO, FATO, SENTIMENTO, NECESSIDADE e PEDIDO. Cada um desses papéis funcionará como "casas" de um tabuleiro.
Objetivo: O Navegante deve fazer a travessia até o Outro passando pelas "casas" de acordo com o que cada uma pede. Para começar, disponha os papéis no chão, formando um tabuleiro nessa ordem. E faça com que os personagens (o Outro, o Observador e o Navegante) se disponham nas mesmas posições indicadas no esquema a seguir. O Outro e o Navegante ficam, deste modo, em frente ao tabuleiro. O Observador fica em frente a todos na posição central para avaliar o que está acontecendo.

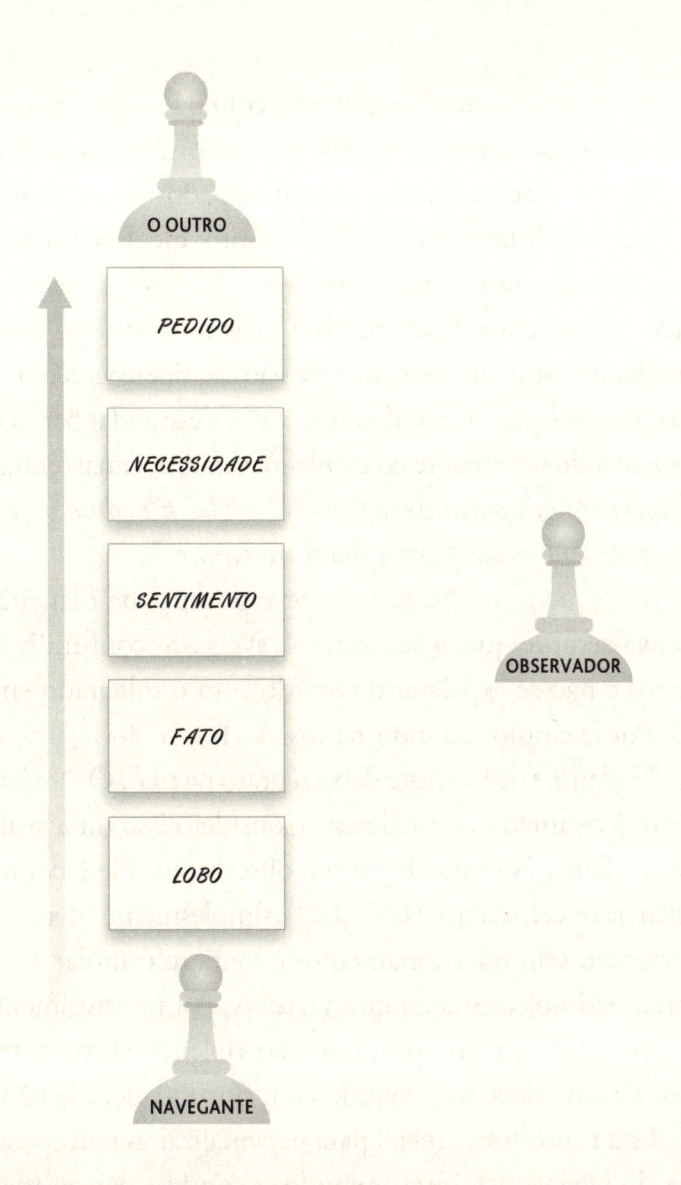

```
        O OUTRO
        ┌─────────┐
        │ PEDIDO  │
        └─────────┘
        ┌─────────────┐
        │ NECESSIDADE │
        └─────────────┘
        ┌───────────┐
        │ SENTIMENTO│          OBSERVADOR
        └───────────┘
        ┌─────────┐
        │  FATO   │
        └─────────┘
        ┌─────────┐
        │  LOBO   │
        └─────────┘
       NAVEGANTE
```

O papel de cada jogador

O Navegante: andará passo a passo, seguindo o comando da palavra da "casa" em que estiver parado correspondente do tabuleiro – lobo, fato, sentimento, necessidade e pedido. Seu objetivo é fazer a travessia até o Outro. Ele só segue para a casa seguinte se o Outro não andar para trás sinalizando desconforto.

O Outro: se conectará visualmente com o Navegante, e sempre que este lhe disser algo que o deixe desconfortável – que o faça se sentir julgado, ameaçado, criticado ou culpado – o Outro dará um passo para trás, distanciando-se do tabuleiro. Ele deve reagir, inclusive, às expressões faciais ou corporais do Navegante. Caso tenha se afastado por se sentir desconfortável, mas o Navegante conseguir reformular a frase de maneira que ele não considere violenta sobre a mesma situação que o fez se afastar, o Outro deve andar para a frente, se aproximando novamente do tabuleiro, mas sem jamais entrar nele.

Observação importante: o Outro não fala. Ele conta o que sente por meio de seus passos para a frente ou para trás.

O Observador: o Observador deve pontuar de maneira clara e objetiva sempre que, a seu ver, o Navegante confundir alguns conceitos e não se expressar de acordo com o solicitado em cada "casa". Por exemplo, estando na casa FATO, o Navegante diz ao Outro: "Fulano, você sempre deixa o prato na pia". O Observador, clara e objetivamente, deve dizer: "Considero isso uma avaliação, e não um fato". Não justifique sua observação. Ele é como uma consciência terceirizada. O Navegante simplesmente "deixa entrar" a informação sem questionamentos e tenta reformular sua frase. Importantíssimo considerar que o Observador provavelmente não é um especialista em comunicação não violenta e justamente por isso seu retorno deve ser acolhido com sinceridade. Ele não é um especialista e, por isso, está ali para personalizar as percepções que recebe do Navegante interpretando o conflito da sua maneira.

Como jogar

1. O primeiro passo é decidir qual dos três jogadores será o Navegante, pois será ele quem decidirá os outros personagens (o Outro e o Observador).

2. O **Navegante** deverá se conectar com uma situação que esteja lhe incomodando, uma conversa difícil que precisa ter com alguém. Para facilitar o jogo, deve ser um incômodo relacionado a uma pessoa, e não ao coletivo.
3. No próximo passo, ele deverá contar o conflito aos outros dois jogadores para contextualizá-los da situação.
4. Feito isso, ele escolhe um dos dois para ser o **Outro**, como quando uma criança brinca de faz de conta: "Agora você é a bruxa e eu sou a princesa". É importante deixar claro ao **Outro** quem ele é: "Fulano, agora você é o meu irmão mais velho", "Agora você é o Luiz Carlos" ou então "Seu papel será o do meu gestor Henrique".
5. Os jogadores posicionam-se como no tabuleiro de acordo com os papéis escolhidos.
6. O jogador **Navegante** vai para a primeira casa: LOBO. Nesta casa, ele vai desafogar, dizer tudo o que tem vontade, sem freios nem edições. Uma sessão de descarrego, uma catarse. O **Navegante** pode dizer tudo que esteja entalado em seu coração. Palavrões não serão criticados, mas acolhidos. Nessa casa, ele não precisa necessariamente se conectar visualmente ao **Outro**, para que nada o constranja em seu expurgo. A ele deve ser dado o tempo necessário para que consiga entrar em estado de fluxo em seu desabafo.
7. Recuperado do expurgo da primeira casa, o **Navegante** se conecta com o **Outro** e vai para a segunda casa: FATO. Lá ele tenta dizer claramente ao **outro** o fato observado que trouxe ao tabuleiro: "Pai, ontem você trancou a porta e eu ainda não havia chegado em casa". Observe que ele se dirige ao **Outro** nomeando-o como a pessoa com quem ele tem o conflito, e não com seu "eu" real. Deverá ser assim por

todo o jogo. Cabe ao Observador apontar caso o discurso migre para a terceira pessoa. Nesse caso, o Observador deve lembrá-lo de que o pai está na sua frente. Se as falas foram acolhidas pelo Outro, o Navegante segue para a próxima casa. Caso contrário, o Outro dá um passo para trás, sinalizando que aquilo não foi confortável. O Navegante só volta a andar quando o Outro não fizer movimentos para trás.

8. Próxima casa, SENTIMENTO. O Navegante deve expressar o que o FATO lhe fez sentir. A dinâmica se repete. Acolhida a fala, o Outro fica onde está ou dá um passo para a frente caso esteja afastado do tabuleiro, e o Navegante vai para a próxima casa. Do contrário, o Outro dá um passo para trás e o Navegante reformula sua fala. O Observador está sempre atento para pontuar o que achar necessário, por exemplo: "Navegante, considero que 'sinto que' não expressa um sentimento, mas uma avaliação". Nesse caso, e sempre que isso acontecer, mesmo que o Outro não tenha se afastado, o Navegante deverá refazer a sua colocação.

9. Na próxima casa, como o nome diz, o Navegante deve expressar a NECESSIDADE que move aquele sentimento. "Pai, preciso muito de autonomia" ou "Pai, preciso de descanso". A dinâmica é a mesma. O Outro fica onde está ou se move para trás. O Observador pontua caso considere que é preciso: "Navegante, considero que a fala 'preciso de férias' é uma estratégia, e não uma necessidade".

10. Na casa do PEDIDO a dinâmica se repete: "Pai, você pode deixar uma cópia da chave embaixo do capacho?". O Observador pontua se for preciso, exemplo: pedir ao pai que perceba que você cresceu é um julgamento, não um pedido claro, concreto e objetivo.

11. Ao fim da última casa, se a fala for acolhida, o trio conversa sobre a experiência de cada um e, caso queiram, alternam os papéis.

Quando se tem apenas dois jogadores, elimina-se o Observador. E, caso você jogue sozinho, terá o desafio de exercitar ainda mais profundamente duas escutas complementares: a implicada – você na travessia, com suas emoções e palavras; e a marginal: sair de si e imaginar como o Outro escuta as suas palavras. Jogar sozinho é um difícil e extraordinário exercício de escuta empática de si e do outro. E isso vai requerer ainda mais calma em cada movimento. Depois de falar o que é solicitado em cada casa, dê uma pausa, reflita sobre suas palavras. Tente escutá-las como o Outro as escutaria e não hesite em reordenar o pensamento e refazer a frase sempre que achar necessário tanto para você quanto para ele.

Uma dica simples é escrever o nome do Outro em um papel e colocá-lo depois da última casa. Isso ajudará muito a não falar para uma terceira pessoa, honrar a "presença" do outro e sacralizar o jogo como um ritual dedicado ao bem-estar de vocês dois.

23 | É possível liderar e educar sem fazer exigências?

Desde que iniciei este livro, a pergunta acima ficou se movimentando dentro de mim sem parar. Pai aos 22 anos, professor desde os 25, sempre escutando e falando sobre a importância do *limite*, a questão mexia com as minhas crenças. E quando o colaborador não faz o que se comprometeu? E quando o filho já está no banho faz três horas? É violência exigir? Essas inquietações me levaram a conversar com educadores, lideranças corporativas e amigos e amigas que trabalham com comunicação não violenta. O papo com essas pessoas me ajudou a entender melhor a questão e acolher meus sentimentos confusos.

O empresário e psicanalista Claudio Menezes, já citado aqui, diz que sempre que algum colaborador de sua empresa passa sistematicamente a não fazer o que foi mutuamente combinado e a vir com todos os tipos de justificativas, ele busca ter compaixão para entender o que pode haver por trás daquele comportamento, mas, por outro lado, ele não é complacente, e coloca um limite na situação. "Aceitar as justificativas como um hábito apenas colabora para que o outro não seja sujeito, mas objeto. Quero me relacionar de maneira íntegra com ele. Se existe uma razão profunda por trás daquilo, é melhor que a gente converse a respeito."

Carolina Nalon, prefaciadora deste livro, amiga e especialista em CNV, acredita no seguinte: em situações em que alguém se comprometeu a fazer algo, mas por algum motivo diz que não vai poder mais fazer, é importante que lhe seja pedido para ajudar a encontrar uma solução, pois isso coopera na manutenção da corresponsabilização. Isso não substitui um bom e velho papo sobre os sentimentos que emergem em todos com a nova situação. Ainda sobre exigências em empresas, Carol traz uma reflexão importante sobre a relevância do exercício de uma escuta acolhedora e cuidadosa por parte de todos, a começar pelas lideranças: "Muitas vezes os líderes fazem exigências nas melhores das intenções, mas podem, com isso, causar constrangimentos: 'Mas, Renata, pensa bem, é uma oportunidade excelente para sua carreira, tem que ser você a pessoa que vai fazer essa apresentação...'. Nesse caso, o melhor seria dar um passo para trás para realmente acolher e tentar entender a necessidade por trás do não escutado. O não da Renata dizia sim para alguma necessidade dela. Algo que ela estava tentando proteger. Ela pode, por exemplo, ter tido experiências ruins em apresentações anteriores".

Ana Paula Peron, querida mestra, amiga e mediadora de conflitos, me disse que, de fato, para a CNV, a exigência é uma forma de violência, mas que para ela, no exemplo do filho que não sai do banho, colocar um limite claro, mesmo que isso "fuja" do escopo da comunicação não violenta, não é um problema. Ela diz: "O importante é ter clareza do porquê se está fazendo aquela exigência, e tornar claro para o outro. E, no momento seguinte, retomar a escuta empática. Se você mandou o filho sair do banho depois de ter esgotado a sua paciência, pode oferecer para ele sua empatia, escutando acolhedoramente a possível chateação dele e depois reiniciar o percurso da CNV, explicando para ele as suas necessidades que motivaram aquela atitude".

Carolina Nalon tem a opinião parecida com a de Ana Paula, e até me enviou uma postagem do Instagram, "A educação corajosa", que também falava sobre o assunto.

Todos os entrevistados, sem exceção, falaram da importância de uma atitude básica e anterior à "crise do banho" que é a cocriação, a pactuação dos acordos e da criação de sentido e significado. Qual é a duração do banho? Por que ele quer mais? Por que você quer menos? Estou falando de um processo colaborativo de negociação em que se considera que todos são sujeitos. Seja ele seu parceiro de trabalho ou seu filho. Uma vez pactuados os acordos, o contrato pode ser a qualquer tempo revisto dado que a vida é dinâmica, mas não deve ser rompido unilateralmente. Cabe a todos zelarem por ele, mas, e isso é uma opinião pessoal, em última instância, cabe aos pais ou aos educadores o dever de fazer com que ele seja cumprido. Não porque "eu mando aqui" ou "regra é regra, lei é lei", mas porque acredito que nós, adultos, devemos ser os responsáveis por educar para a integridade e compromisso com as palavras.

Essas posturas de compromisso com o que se fala, ou seja, com transparência e integridade, são cada vez mais valorizadas no ambiente de trabalho. Empresas que investem no desenvolvimento das habilidades socioemocionais das pessoas são as que colhem melhores resultados em todos os sentidos. O Movimento Capitalismo Consciente e Rede Trustin, trabalho realizado por pesquisadores da USP, apontam dados inequívocos do impacto da humanização no resultado das empresas. Os dados não falam, mas gritam por si. Veja a seguir.

DESEMPENHO FINANCEIRO

Resultado preliminar da pesquisa

Quando comparadas às 500 maiores empresas do Brasil, avaliando a rentabilidade acumulada, nota-se que o desempenho financeiro das Empresas Humanizadas do Brasil (EHBR) é seis vezes superior no longo prazo.

RENTABILIDADE ACUMULADA (%)
Retorno sobre o investimento (lucro/patrimônio líquido). Dados de 2002 a 2017 (ano base 2017).

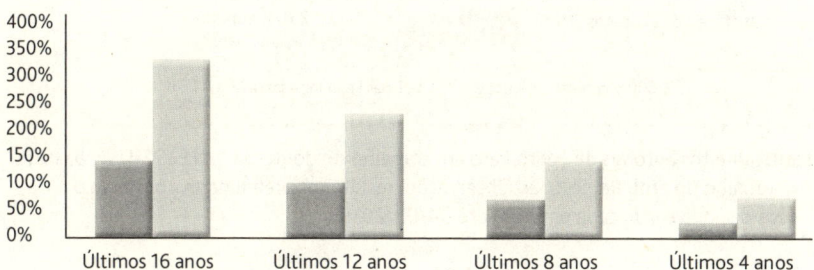

AS EHBRs POSSUEM DESEMPENHO 2x OU MAIS SUPERIOR

	Últimos 16 anos	Últimos 12 anos	Últimos 8 anos	Últimos 4 anos
500 maiores	~130%	~100%	~70%	~20%
Empresas Humanizadas do Brasil	~320%	~230%	~130%	~60%

Fonte: direitos autorais de Pedro Paro em trabalho de doutorado na EESC-USP, baseado no trabalho do prof. Raj Sisodia. Observação: resultados preliminares contendo os dados disponíveis de 8 EHBRs até 04/03/2019.

A mesma pesquisa aponta também que os *stakeholders*[62] de empresas humanizadas têm um índice muito mais alto de satisfação do que a média.

---

62. O conceito de *stakeholder* foi criado pelo filósofo norte-americano Robert Edward Freeman na década de 1980, representando qualquer indivíduo ou organização que seja impactado pelas ações de uma determinada empresa. Em uma tradução livre para o português, o termo significa "parte interessada". Disponível em: https://rockcontent.com/blog/stakeholder/. Acesso em: 10 mar. 2021.

SATISFAÇÃO DOS *STAKEHOLDERS*

Resultado preliminar da pesquisa

As organizações foram avaliadas em 114 métricas baseadas nos pilares das Empresas Humanizadas. O gráfico abaixo apresenta o resultado consolidado dessas métricas.

RESULTADO CONSOLIDADO NOS QUATRO PILARES

AS EHBRs POSSUEM SATISFAÇÃO DOS *STAKEHOLDERS* 132% SUPERIOR

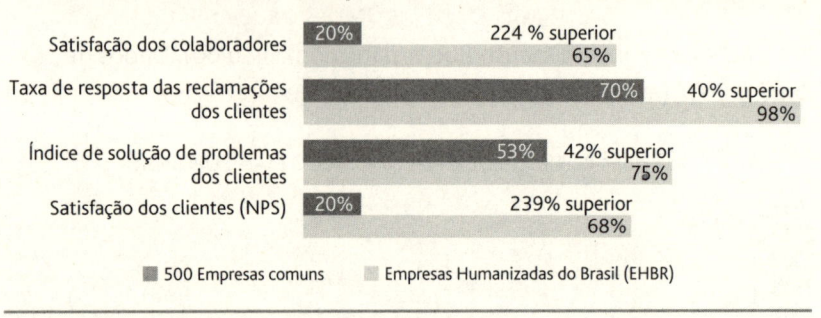

	500 Empresas comuns	Empresas Humanizadas do Brasil (EHBR)	
Satisfação dos colaboradores	20%	65%	224 % superior
Taxa de resposta das reclamações dos clientes	70%	98%	40% superior
Índice de solução de problemas dos clientes	53%	75%	42% superior
Satisfação dos clientes (NPS)	20%	68%	239% superior

Fonte: direitos autorais de Pedro Paro em trabalho de doutorado na EESC-USP, baseado no trabalho do prof. Raj Sisodia. Observação: resultados preliminares contendo os dados disponíveis de cada empresa até 04/03/2019.

Esses resultados são consequência de ambientes de trabalho em que todos se relacionam de sujeito para sujeito. Sai o botão mandar-obedecer-cumprir, entra a chave engajar-responsabilizar-realizar. Para a facilitadora de conhecimento e especialista em empatia, vulnerabilidade e compreensão Joyce Baena,[63] engajamento é decorrência de um ambiente em que todos possam se expressar com transparência, aliado a um processo de criação de sentido e propósito. Ela diz: "Na minha empresa, todo projeto é contextualizado e conversado, e as soluções emergem do

---

63. Joyce Baena é sócia-fundadora da La Gracia Design e da Hugland, especialista em comunicação e aprendizagem humanizada. https://www.linkedin.com/in/joyce-baena-11635211/

grupo". Autonomia é palavra-chave e desapego e confiança atributos essenciais da liderança. E completa: "Uma das coisas que gera o comprometimento é a pessoa perceber que ela não está trabalhando para mim, mas para um propósito maior, alguma coisa que vai impactar a vida dela e nas pessoas ao redor".

Visão parecida sobre a importância de empresas humanizadas é compartilhada pelo educador e especialista em desenvolvimento humano Darwin Grein.[64] Pare ele, o termo *team building*[65] não pode ser reduzido a episódios isolados que propiciem a vivência de situações emocionantes, como descer de uma tirolesa, por exemplo. É preciso compreender que humanizar o grupo é um processo contínuo, diário, que envolve a empresa como um todo. Eventos como o da tirolesa só terão sentido se estiverem a serviço de um fluxo maior. Para Darwin, *team building* é a construção de uma equipe de alta performance, e isso exige um conhecimento profundo sobre o desenvolvimento de indivíduos e, principalmente, sobre grupos.

> Para que a integração aconteça, entra em cena o despertar das emoções, mas, em especial, de uma que anda tão esquecida dentro do cenário corporativo: a alegria. Nossas emoções são uma forma do nosso corpo se comunicar com a gente, mandar um alerta para dizer se está tudo bem, ou não. E a função da alegria é garantir o processo de afiliação, de integração com os outros. Pode reparar: quando você vê alguém rindo ou gargalhando, não dá uma vontade automática de rir também? É a alegria mostrando que podemos sentir com o outro, nos conectando ao outro. É a nossa capacidade de empatia que nos conecta com os outros. E a conexão entre as pessoas

---

64. Darwin Grein é fundador da Juntxs, empresa de aprendizagem responsiva. Disponível em: https://www.juntxs.com.br/. Acesso em: 2 abr. 2021.
65. Em tradução livre: formação de equipes.

é o que nos humaniza. E quando nos sentimos humanos, percebemos que estamos todos, literalmente, no mesmo barco.

Apesar de todos os dados apontarem para os benefícios da humanização, ainda há muito para se conscientizar nesse sentido. Em 2014, o Instituto Gallup entrevistou 23 milhões de profissionais, em dezenas de países de todos os continentes.

Pesquisa Instituto Gallup/2014

Universo de 23 milhões de profissionais de todo o mundo.[66]

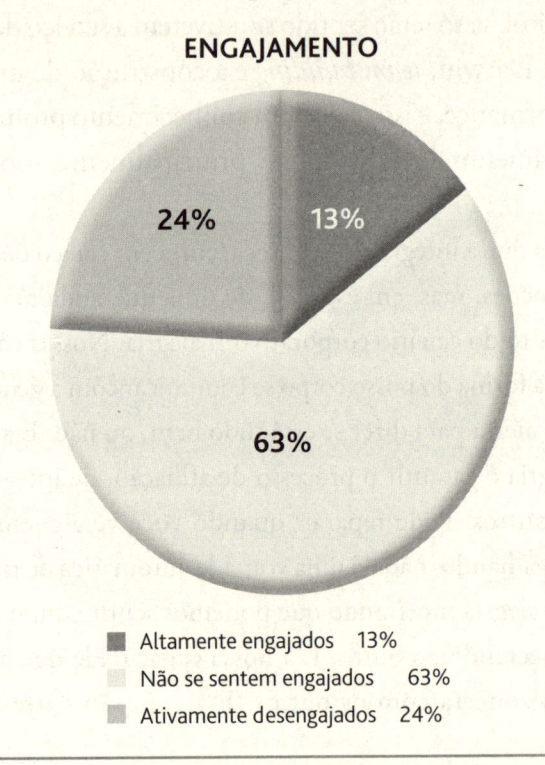

ENGAJAMENTO

- Altamente engajados 13%
- Não se sentem engajados 63%
- Ativamente desengajados 24%

---

66. Instituto Tiê. Disponível em: www.institutotie.com.br. Acesso em: 10 mar. 2021.

Uma pessoa ativamente desengajada é ativamente desengajante e tem a sua (in)disposição um universo de 63% de outros profissionais suscetíveis a serem contaminados por seu desânimo e desconforto. Pesquisa realizada pela consultoria de recrutamento Michael Page aponta que oito em cada dez profissionais pedem demissão por causa do chefe.[67] De acordo com Lucas Oggiam, diretor da Michael Page, um líder que consegue engajar as pessoas é aquele que "tem boa inteligência emocional, bom senso de organização, empatia, carisma e, acima de tudo, respeito pelas pessoas que o cercam".

---

67. 8 em cada 10 profissionais pedem demissão por causa do chefe; veja os motivos. **G1**, 22 nov. 2019. Disponível em: https://g1.globo.com/economia/concursos-e-emprego/noticia/2019/11/22/8-em-cada-10-profissionais-pedem-demissao-por-causa-do-chefe-veja-os-motivos.ghtml. Acesso em: 10 mar. 2021.

24 | Breve introdução à escuta lúdica

As brincadeiras mais bocós escondem um propósito bem consciente: cooperar para que os integrantes do grupo saiam do estado "penso, logo existo", e entrem no modo "brinco, logo insisto". Ou seja: que os participantes queiram brincar. Conquistar o divertir é o desafio de todo educador. Peça para uma criança parar de brincar e certamente ouvirá: "Mas agora?!" ou "Só mais cinco minutos!". Ela insiste porque está vivendo a brincadeira, e quando ela vive a brincadeira, ela está absolutamente integrada: coração, cabeça, corpo e espírito. "Brincar é a forma mais elevada de fazer pesquisa", dizia Einstein. Ou seja, brincar nos permite viver no campo simbólico experiências riquíssimas para a vida real. Isso só é possível porque quando brincamos suspendemos temporariamente o nosso julgamento moral. Quando a criança brinca de Polícia e Ladrão, ela não pensa: *Ah, não posso ser o ladrão... ser ladrão é muito feio.* Ela quer ser a melhor ladra que puder e a polícia que se lasque! Essa liberdade criada a partir do lúdico possibilita que a gente entre em contato com os vários outros "eus" estranhos a nós mesmos, e então conseguimos viver (escutar) um mundo de possibilidades que costumam estar à nossa frente, mas que estão entulhados de julgamentos e, por isso, éramos impossibilitados de ver.

Esta é uma grande dica para a chatice do nosso dia a dia: tirá-las do campo do problema e deslocá-las para o campo do jogo. Em outras palavras, lançar sobre os problemas um olhar de ludicidade. O mesmo vale sobre processos de inovação em empresas. Quanto mais a ludicidade tiver espaço no dia a dia, mais capacidade de criação essas empresas terão. Vou dar um exemplo bem próximo e recente: durante a quarentena em razão da pandemia do novo Coronavírus, uma amiga inventou com a sua família a brincadeira do Escuro, Claro e Colorido. O desafio era vestir-se a semana toda de acordo com o tom combinado. A diversão tinha uma finalidade: facilitar e economizar lavagens na máquina de lavar roupa.

Outra característica essencial do brincar é que ele não precisa dar certo. Você nunca viu crianças fazendo reunião de feedback para falar do pega-pega: "Olha, precisamos conversar sobre o seu zigue-zague...". Isso não acontece. Não rolou, começa de novo e vamos em frente. Esse combo: viver de verdade + liberdade do conceito acerto/erro cria o campo mágico da pesquisa curiosa sobre si, sobre o outro e sobre o mundo. E esse é o ambiente mais propício para aprendizagem e, claro, para a inovação. Além disso, é o melhor estado de escuta com o qual podemos ir para qualquer conversa: o desapego do desejo ditatorial de assertividade.

25 | É preciso juntar as nossas forças amadas

Alguns anos atrás, eu vivi uma experiência muito impactante que, entre tantos aprendizados que até hoje descubro, reforçou o caráter transformador do lúdico sobre as nossas vidas. Em janeiro de 2011, a região serrana do Rio de Janeiro foi devastada pelas fortes chuvas de verão. Noticiava-se na época que jamais havia acontecido uma catástrofe como aquela. Estava muito impactado pelos telejornais, que traziam imagens terríveis, quando descobri que um amigo querido tinha uma casa em Teresópolis, uma das cidades atingidas. Em uma conversa, ele me disse que, por sorte, estavam todos bem, mas que a situação estava bem feia, com mortos e desaparecidos. Senti que precisava fazer alguma coisa. Chamei dois grandes amigos e extraordinários palhaços, Paulo Federal e Álvaro Lages, e nos organizamos para ir até lá. Nasciam ali as Forças Amadas (sem "r" mesmo), nome dado por Paulo Federal, o palhaço Adão.

Eduardo Parente, meu amigo de Teresópolis, nos colocou em contato com Ana Leite, que foi nossa grande e dedicada anfitriã. Alguns dias depois, lá estávamos nós, no 4×4 de Ana, a caminho de Santa Rita, pequena e devastada vila rural incrustada nas montanhas de Teresópolis. Lembro-me do silêncio que foi se instaurando entre nós à medida que o carro se embrenhava no sinuoso caminho. Muitas casas estavam caídas, carros revirados, mar de lama onde havia vila de moradores. O rio mudara de curso com o volume de água que veio do céu e de lama que desceu das montanhas. Uma avalanche. O clima no vilarejo era de total desolação. Todo mundo na pequena Santa Rita havia perdido alguém: o pai, o filho, a esposa, um conhecido. Muitas crianças ainda estavam desaparecidas. Logo ficou claro que nosso propósito não seria animar, motivar, incentivar aquelas pessoas. Não seria legítimo três forasteiros chegarem dando conselhos ou palavras de ordem. Estávamos ali para escutá-las. Elas já tinham perdido muito, não precisavam que ninguém lhes tirasse também a sua voz.

Nessa primeira semana que passamos lá – depois voltaríamos para mais uma missão – acordávamos muito cedo e, sempre levados por nossa gentil e destemida anfitriã, íamos de casa em casa, de beco em beco, conversar com as pessoas. Dependendo do estado de cada um arriscávamos pequenas brincadeiras, uma serenata improvisada, uma mágica. Era assim que conseguíamos abrir uma brecha afetiva de comunicação entre nós. Voltávamos para casa de noite e, exaustos, abríamos nosso notebook e anotávamos absolutamente tudo que havíamos sentido, escutado e percebido. A partir de nossas anotações, elaborávamos as próximas estratégias, sempre focadas em fortalecê-los como indivíduos e coletividade.

A principal estratégia dessa primeira incursão foi anunciar que um "grande espetáculo" de despedida seria realizado na última noite de nossa estada. Passamos, então, a ensinar as crianças a fazerem "lanternas" com garrafas PET e velas. Essas lanternas seriam as luzes da nossa ribalta. Fazíamos a proposta a elas: "Vocês têm que ensinar os adultos a fazerem também para o espetáculo ficar bem iluminado". Quem resiste a um pedido de crianças? Chegou a noite da apresentação. Estávamos nos maquiando dentro da escola com a sensação de que ninguém apareceria. Os moradores estavam muito abalados para saírem de suas casas a fim de assistirem a três palhaços. Mas, de repente, o burburinho. Lembro-me da emoção. Colocamos nossos narizes e, quando saímos, o pátio estava lotado de crianças e adultos com suas lanternas acesas nas mãos.

Durante a apresentação nós realizamos algumas cenas clássicas de palhaços e vários jogos cooperativos com a participação ativa da plateia. O objetivo era consolidar o que vínhamos fazendo de casa em casa, de beco em beco: por meio de brincadeiras, nosso propósito era iluminar o potencial individual e coletivo de cada uma daquelas pessoas. Antes de encerrar, apontamos para as velas que clareavam a nossa ribalta e dissemos que a reconstrução de Santa Rita seria como fizemos aquele espetáculo, com a luz de cada um... E então, todas aquelas pessoas, que pela primeira vez saíam de suas casas depois da tragédia, se levantaram emocionadas, e encerramos o encontro com uma grande dança de roda. Todos cantando: "Se essa rua, se essa rua fosse minha, eu mandava, eu mandava ladrilhar...".

26 | O jogo da busca pelo tesouro

Chamo essa dinâmica por esse nome porque acredito que ele sintetiza o objetivo profundo do jogo: encontrar o tesouro que existe entre duas pessoas, proeza que só será conseguida se ambas se dispuserem a encontrá-lo juntas. Colaborativa e voluntariamente. Empatia na veia. Ele pode ser jogado em duplas ou em turma, sem facilitador externo, necessariamente.

Número de participantes: De 2 a 20.
Material necessário: Nenhum.
Objetivo: Encontrar a palavra que conecte outras duas. O tesouro perdido.

Como jogar

1. Escolher dois voluntários para começar.
2. Alguém conta: "Um, dois, três e já!". Neste instante, os dois voluntários devem dizer, ao mesmo tempo, uma palavra aleatória cada um. Vamos supor que o primeiro jogador tenha

gritado xampu e o outro, abacate. O desafio é encontrar uma palavra que poderia conectar as duas de alguma maneira. Quando alguém do grupo chegar a uma conclusão de uma palavra, levanta a mão sem pronunciá-la. Aguarda-se até que outra pessoa também levante a mão.
3. Alguém volta a contar: "Um, dois, três e já!".
4. Os dois que estavam com as mãos levantadas gritam ao mesmo tempo a palavra que pensaram. Vamos imaginar que um tenha gritado *essência* e o outro *hidratação*. O que tem no meio dessas palavras que de alguma maneira as conecte? Não vale repetir as anteriores. O grupo pensa e a dinâmica se repete. Quando dois participantes levantarem a mão novamente, alguém reinicia a contagem e eles gritam as novas palavras que podem ser o tesouro no meio dos dois.
5. O objetivo é repetir essa sequência até duas pessoas gritem a mesma palavra. Nesse momento, o grupo comemora.
6. E reinicia-se o jogo com outros dois voluntários.

Qual palavra você falaria para unir *essência* e *hidratação*? Eu pensei em *creme*. Se você também, sinta-se comemorando comigo.

Sobre a riqueza do jogo. À medida que as rodadas vão se sucedendo entre tentativas, comemorações e reinícios, as pessoas do grupo vão se aproximando do jeito de pensar de cada um, e a procura da palavra passa a levar em conta essa escuta ampliada: o que penso e o que o outro pode estar pensando.

A importância de comemorar. Celebrar cada tesouro encontrado é uma maneira de não só dar importância à busca, como de honrar o encontro. Vale qualquer coisa. Abraçar, gritar ou tomar uma nova rodada de cerveja – opção pouco provável se você estiver mediando um encontro corporativo, embora eu já tenha feito isso várias vezes. Com consentimento, é claro.

Dicas de quem já jogou um milhão trezentas e oitenta e duas vezes. É legal ser rápido, senão perde-se o *timing* e fica chato. Teve uma ideia, levante a mão. Nada de procurar a melhor palavra em todo seu conhecimento do vernáculo. Acredite nos deuses da conexão e na sua percepção sobre o outro.

27 | A mágica

No início de 2018, me apresentei para os moradores do Jardim da União, comunidade localizada no bairro do Grajaú, região periférica da Zona Sul de São Paulo. O convite foi feito pela ONG Peabiru, que realizava no local um potentíssimo trabalho de troca de conhecimentos entre jovens profissionais de Arquitetura e Urbanismo e os moradores da ocupação. O que pude perceber logo nos primeiros contatos que antecederam a apresentação é que a experiência humana e coletiva promovida pelo projeto se estendia para muito além das trocas de técnicas envolvidas na urbanização. O convite para a minha apresentação de palhaço veio justamente neste sentido: criar um campo afetivo para que, a partir disso, as lideranças locais conseguissem conversar mais desarmadamente sobre os seus conflitos.

O dia da apresentação chegou em um sábado de sol. Fiquei animado, pois o tempo aberto é parceiro do palhaço na mobilização do público. Fui carinhosamente recebido para almoçar na casa da Ivone, uma moradora local. A casa estava cheia. Ivone, seus filhos, alguns vizinhos e os integrantes do projeto. As pessoas não sabiam, mas, para mim, a apresentação estava começando ali, no papo com elas, captando a energia, o espírito, medindo a temperatura. Como a casa estava lotada, peguei meu prato e me sentei na porta, aproveitando para observar o movimento da rua. Vi mulheres sentadas em banquinhos na calçada, fazendo as unhas das vizinhas, homens consertando as janelas de suas casas, outros que pareciam estar pavimentando o meio-fio e vários outros ajeitando jardins. Comecei a desconfiar de que o fim de semana dos adultos estava reservado para as tarefas que não tinham tempo de realizar durante a semana, e por isso talvez não estivessem disponíveis para assistir a um palhaço. Percebi que precisava de ajuda para mobilizá-los. Ora, quem tem os melhores e mais irresistíveis argumentos para convencer os adultos quando estes não estão disponíveis? As crianças, é claro!

Terminei de almoçar, coloquei a minha roupa de palhaço, me maquiei e fiz questão de botar o meu maior sapato porque sei que as crianças não se conformam que alguém possa ter um pé daquele tamanho. É um chamariz infalível. Peguei a minha mala (quem resiste à curiosidade de saber o que tem dentro da mala de um palhaço?) e saí andando pelas ruas de terra, entre algumas casas de alvenaria e várias outras mais precárias de madeira.

Eu nem tinha virado na primeira esquina e um pequeno grupo de crianças de 7, 8 anos veio esbaforido ao meu encontro. Contei para elas que dali a uma hora aconteceria um grande espetáculo no Centro Comunitário. Achei melhor omitir que o grande espetáculo seria eu, fazendo pequenas coisas. Eles me perguntaram com os olhos brilhando de animação e curiosidade: "Vai ter mágica?". Respondi: "Claro que vai ter mágica! Espetáculo sem mágica não é um espetáculo". Na mesma hora elas saíram correndo e gritando: "Vai ter espetáculo! Vai ter mágica!".

Segui caminhando e logo os pequenos arautos ganharam o reforço da "divisão montada": crianças um pouco maiores que as primeiras montadas em suas bicicletas espalhavam a novidade com muita rapidez. Pouco a pouco, os adultos foram aparecendo com olhos curiosos nas janelas, nas portas, nas varandas. Quando achei que já tínhamos conseguido garantir um público razoável, me encaminhei para o Centro Comunitário, antes que o interesse se dispersasse. As crianças entraram correndo e se aglomeraram lá na frente à minha volta. Os adultos vieram logo depois, misturando-se aos integrantes do projeto. O pequeno lugar ficou lotado e a palhaçada que começou lá fora continuou do lado de dentro. Os adultos, que inicialmente estavam tímidos, foram se soltando, rindo e brincando cada vez mais. As crianças estavam tão empolgadas que já tinham se esquecido da mágica. Uma sorte, porque eu também havia me esquecido. Depois de mais ou menos quarenta minutos de brincadeiras, agradeci a presença de todos e anunciei o fim do espetáculo. Mas, como diria o Chacrinha, o programa só acaba quando termina.[68] E a história não tinha terminado. Quando dei o primeiro passo em direção à porta, as crianças se levantaram, bloquearam a minha passagem e começaram a gritar em coro: "Tira o sapato! Tira o sapato!". Vi que alguns adultos se animaram e entraram no coral. Comecei a dar desculpas esfarrapadas: "Não posso tirar, está muito frio", "Tô resfriado", "Tenho chulé!". Mas o refrão continuou soando: "Tira o sapato! Tira o sapato!".

O que manda o protocolo nessas situações? Ora, manda não tirar o sapato para não quebrar o encanto. Seria a mesma coisa que, no meio da festa de Natal, o Papai Noel tirasse a barba e

---

68. MORAES, M. "O programa só acaba quando termina." **A Voz da Serra**, 15 jan. 2010. Disponível em: https://acervo.avozdaserra.com.br/noticias/o-programa-so-acaba-quando-termina. Acesso em: 07 mar. 2021.

dissesse: "Mentira, sou o tio Antônio!". Isso não é coisa que se faça. Mas sei lá por que, naquele momento, resolvi fazer. Respirei fundo, puxei uma cadeira, me sentei e comecei a desamarrar lentamente os cadarços. As crianças me cercaram em polvorosa. As menores subiram em cadeiras para olhar por cima das outras. E as muito menores abriam espaço para me ver entre as pernas dos amigos.

Olhei, então, para aquela abóbada de crianças, e com indisfarçável constrangimento de quem foi pego no pulo cochichei minha tristeza em tom confessional: "Os adultos vão descobrir que meu pé é normal...". Elas me olhavam com tanta atenção que se fez um denso silêncio. Tirei, então, o meu sapato e lhes mostrei o meu pé. Instantaneamente a quietude foi rompida pelo inesperado: como se tivessem combinado, várias crianças saíram correndo e gritando a plenos pulmões: "O pé dele é grande mesmo! O pé dele é grande mesmo!".

A partir daquele momento elas já não estavam mais conectadas ao artista que veio se apresentar, mas ao ser humano que se revelou na frente delas.

E não é que, no fim de tudo, a mágica que eu havia prometido aconteceu? Eu só não poderia imaginar que ela seria realizada pelas próprias crianças.

28 | A vulnerabilidade e o alfaiate de armaduras

A história do Jardim da União poderia ter se encerrado no final da apresentação do palhaço: aplausos, obrigado, *tiau-tiau*. Mas havia uma surpresa reservada para mim, e só fui merecedor de recebê-la porque *deixei entrar* os apelos para que eu tirasse o sapato. Em nome do protocolo ou do roteiro, eu poderia ter me ensurdecido aos pedidos e forçado a passagem entre as crianças que se aglomeravam na minha frente. Teria ido embora satisfeito com a apresentação, mas não teria passado pela experiência "dos dedos que se tocam pelo buraquinho do muro". Ter me deixado afetar pela situação me fez instintivamente rever meu movimento de forçar a saída. É um gesto concreto que evidencia a força da metáfora: quantas vezes não tivemos que usar da força para não nos deixarmos ser afetados pela realidade? Quantas experiências deixamos de viver em nome de sermos fortes e inatingíveis? Quantas teríamos vivido se ousássemos tirar as armaduras?

Quando *deixamos entrar* e abandonamos a ideia de que a vida deve nos obedecer sem ficar nos atrapalhando com seus incontáveis imprevistos, abrimos as portas para a conexão com o que de melhor ela pode nos dar. Uma bela e singela canção de Folia de Reis nos remete a pensar sobre a vulnerabilidade:

> "Minha casa tem quatro cantos,
> em cada canto tem uma flor,
> minha casa não entra maldade,
> minha casa só entra o amor".

A quantidade de amor que vai entrar em nossa casa será sempre proporcional ao tamanho da fresta que a gente permite abrir. Se quisermos viver uma vida grande em experiências e em amor, teremos que correr o risco de abrir a porta do nosso coração. Eu e as crianças do Jardim da União nos conectamos afetivamente na hora em que a porta da minha casa caiu, revelando-lhes minha fraude e, com ela, a minha humanidade. Eu não tinha nada de especial. Meu pé era normal e estava mentindo para elas no desejo de ser amado. E talvez seja esta a maior verdade sobre nós: inventamos mentiras. Enganamo-nos na ilusão de podermos iludir o outro sobre nós mesmos. E, na mesma medida, nos permitimos enganar pelo outro para alimentarmos nossas ilusões. No fundo, as crianças sabiam que meu pé não era grande, mas precisavam que me despisse para que pudessem atravessar a fronteira do encantamento ilusório pelo artista em direção a identificação com o ser humano.

"No circo, quando já não estamos mais suportando o impacto da beleza e do impossível, aparece o palhaço, torto, esquisito, capenga, que tropeça e cai. Aliviados de tanta perfeição, rimos"[69] e esse riso guarda secretamente nosso desejo de sermos aceitos

---

69. DUNKER, C.; THEBAS, C. O palhaço e o psicanalista. São Paulo: Planeta, 2019.

como somos. Em uma sociedade que valoriza a competição e os super-heróis, é preciso ter coragem para nos assumirmos imperfeitos. A construção dessa coragem passa por aceitarmos um fato incômodo e incontestável: somos essencialmente perdedores. Nós, palhaços, estamos aqui para nos lembrar disso. O sapato do palhaço é grande porque não é dele, assim como também não é dele a sua roupa desajeitada.

> Durante nossa viagem vamos inevitavelmente deixando coisas para trás. Projetos, ideias, experiências, amores, épocas da vida e até sonhos. Vamos perder nossa jovialidade, nosso tônus, nossos dentes, nossos cabelos, nossos pais. Se tivermos sorte, nossos filhos é que nos perderão. Não é por outro motivo que Lacan dizia que os psicanalistas são o rebotalho (o resto, o resíduo) da sociedade. (Parecia estar se referindo também aos palhaços.)
> Só compreendendo e aceitando isso, o aprendiz de palhaço ou de psicanalista conseguirá baixar as guardas, tirar algumas das máscaras que vestimos no dia a dia e substituí-las pelo pequeno nariz vermelho. Se nada nos pertence, não há o que ser defendido. A consciência disso confere enorme poder àquele que se sabe perdedor: "O que tem a perder aquele que sabe que não tem nada?".[70]

Quando, cercado pelas crianças, tiro o sapato e mostro meu pé, estou me despindo simbolicamente de tudo que não é, nunca foi e nunca será meu. Nesse momento, eu me fortaleço, pois me conecto com as coisas que nunca vão tirar de mim. Já perdi minha irmã, perdi meu pai, mas nunca conseguirão me tirar a saudade

---

70. Idem. p. 78.

que sinto deles.[71] Eis aqui a chave da coragem e da potência da vulnerabilidade: a consciência de que podem tirar o nosso prato de comida, mas não podem tirar a nossa fome. Não podem tirar o nosso caráter, nossos princípios. Não podem nos tirar a memória dos momentos bons, nem a tristeza dos momentos ruins. Todo o resto é acessório. E quanto mais acessórios, mais difícil fica separar o que somos do que temos. Tendo muito, somos pouco. Somos pouco espontâneos, pois "o que vão achar de mim?". Somos pouco disponíveis, pois o outro é uma ameaça. Somos pouco autênticos, pois quem tem muito a perder, tem medo de agir e falar.

A escritora e pesquisadora de comportamento humano Brené Brown[72] levantou algumas posturas defensivas que adotamos e que funcionam como escudos universais contra a vulnerabilidade. Esses escudos não nos permitem *deixar entrar*. Admito que me reconheço em vários deles. Acho bem provável que você se reconheça também. Todos nós temos um alfaiate que, a partir dos seus moldes, nos constrói armaduras sob medida.

- O escudo da alegria como mau presságio.
- O escudo do perfeccionismo.
- O escudo do entorpecimento.
- Os escudos da superexposição.
- Holofotes.
- Invadir e roubar.
- Escudo do zigue-zague.
- Escudo da desconfiança, crítica, frieza, crueldade.
- O escudo de viking ou vítima.

---

71. Semanas antes deste livro ser lançado, perdi também a minha mãe. Conforta-me saber que ela foi a primeira leitora, quando ainda era um projeto em arquivo Word.
72. BROWN, B. **A coragem de ser imperfeito**. Rio de Janeiro: Sextante, 2016.

O escudo da alegria como mau presságio

Uma pessoa de que você gosta arranja um trabalho bem legal e, de repente, você se vê abalroado por um pensamento negativo, como: *Fulano está tão feliz, como vai ser se um dia ele perder esse emprego?* Ou você sai de férias, está no avião, indo para o Caribe, e vem o pensamento agourento: *E se o avião cair?*

Se você recebe a visita de vozes como essas de vez em quando, saiba que não está sozinho. Enquanto tabulava a sua pesquisa sobre experiências que nos fazem sentir mais vulneráveis, Brené Brown se surpreendeu ao constatar que no topo da lista estava o nosso medo de vivermos momentos alegres ou da própria felicidade. Com certeza você já deve ter escutado alguém próximo (talvez você mesmo) dizer: "Isso é bom demais para ser verdade!". Ou ainda a frase mais reveladora do nosso medo da alegria: "Sempre espero pelo pior, assim não me decepciono".

O medo de nos sentirmos expostos à frustração e à perda nos faz procurar abrigo atrás de escudos que nos protejam da alegria e da felicidade. Não vivemos o melhor de cada encontro, pois sabemos que uma hora os encontros acabam. Não vivemos o melhor da viagem, pois uma hora teremos que voltar para casa. Não vivemos o melhor do outro, pois tememos que ele nos decepcione. E como sabemos que o amor "não é imortal posto que é chama",[73] optamos por não o viver infinitamente enquanto dure. Eduardo Galeano nos ensina e adverte que: "Não somos feitos de átomos, somos feitos de histórias". A nossa falta de coragem nos condena à amargura de lamentar no futuro como

---

73. MORAES, V. Soneto de Fidelidade. In: MORAES, V. **Poemas sonetos e baladas e pátria minha.** São Paulo: Companhia das Letras, 2008.

nossas histórias poderiam ter sido se tivéssemos ousado vivê-las plenamente no passado.

Vivi com meu pai uma extraordinária experiência nos meses de sua despedida. Uma jornada feita de profunda alegria, construída na entrega lúdica, divertida e muito amorosa. Ele estava fraco e mais debilitado física e mentalmente a cada dia. É claro que eu estava muito triste pela iminência de perdê-lo, mas o curioso é que estava igualmente muito grato e verdadeiramente feliz por ter a oportunidade de estar ao lado dele naquele momento. Felicidade não é um grande e duradouro sorriso, tampouco é efêmera como nossos momentos de alegria. Felicidade é um estado. Tem a ver com abertura e gratidão. Felicidade é um grande baú que tem tristeza e alegria. E dentro desse baú carrego a memória de tudo que eu e meu pai vivemos juntos em sua despedida. E isso ninguém tira mais de mim.

"Alegria é ter Sol em dia de praia.
Felicidade é brincar mesmo que a chuva caia."[74]

O escudo do perfeccionismo

"O empenho saudável é focado em si: como posso melhorar. O perfeccionismo é focado nos outros: o que vão pensar de mim."[75]

O primeiro tem a ver com generosidade e afeto. O segundo com insegurança, vergonha e culpa. O primeiro tem a ver com abundância e doação. O segundo com escassez e dívida. O professor e educador ítalo-americano Leo Buscaglia, pioneiro em

---

74. Série de poemas infantis intitulados *Coisas que a gente sente*, de Cláudio Thebas.
75. BROWN, B. **A coragem de ser imperfeito**. Rio de Janeiro: Sextante, 2016. p. 78.

educação para o amor, dizia que a pessoa verdadeiramente afetuosa faz questão de tornar-se o melhor que pode em tudo que faz, pois a pessoa verdadeiramente afetuosa sabe que só tem sentido sermos bons em alguma coisa se pudermos ser bons nessa coisa para alguém. Quando usamos o escudo do perfeccionismo não estamos apenas nos protegendo, mas privando o outro de receber o melhor de nós mesmos.

> Perfeccionismo não é se esforçar para a excelência. Perfeccionismo não tem a ver com conquistas saudáveis e crescimento. Perfeccionismo é um movimento defensivo. É a crença de que, se fizermos as coisas com perfeição e parecermos perfeitos, poderemos minimizar ou evitar a dor da culpa, do julgamento e da vergonha.[76]

A maquiagem do palhaço costuma ser carregada justamente para que ele seja visto. E não estou me referindo apenas a destacá-lo na distância entre plateia e artista, mas de aproximar o ser humano que está no picadeiro dos outros que estão no público. Estou falando de revelação. Se os seus olhos são grandes, sua maquiagem deve aumentá-los; se ele tem rugas, sua maquiagem deve destacá-las para que todos possam imaginar por quanta coisa aquela pessoa já passou para poder estar ali. O palhaço revela em si a nossa inadequação, imperfeição, nossa dor, e, por isso, a nossa beleza, nossa riqueza, nossa diversidade. O palhaço expõe o que buscamos ocultar em nós mesmos, como indivíduos e como sociedade. Quando entrevistei o ator Luiz Carlos Vasconcelos, ele me contou que Xuxu, seu maravilhoso palhaço, o ajudava a curar-se do seu exagerado perfeccionismo e vaidade. A

---

76. BROWN, B. **A coragem de ser imperfeito.** Rio de Janeiro: Sextante, 2016.

maquiagem, a peruca, a roupa, a voz e os modos de Xuxu eram uma maneira de o Luiz Carlos não se esquecer do grotesco da busca exagerada pela perfeição e beleza.

O escudo do entorpecimento

Como já citei, boa parte deste livro foi escrita durante a quarentena causada pela pandemia do Coronavírus. Embora fosse um momento atípico, ele pode ser um bom exemplo de algo que nunca foi exceção, mas sempre nos foi excessivo: nossa fuga por meio do entorpecimento.

Nas conversas que tive com amigos, quase todos disseram que viveram algo parecido: no início da quarentena, todos os nossos medos – de perder a vida, de perder os pais, de perder o emprego, de perder trabalho – foram de alguma forma anestesiados pela perplexidade, e a ansiedade deu as mãos para a euforia. A quarentena era uma novidade e, "adrenalizados" por ela, fizeram planos e ações edificantes. Vimos isso acontecer na televisão. Pessoas cantando em suas varandas, organizando ações solidárias. Motivados, vislumbramos a possibilidade de realizar as milhares de coisas que não conseguimos em tempos normais: comer com a família, dividir tarefas domésticas, fazer aquele curso on-line. Isso tudo era apavorante, excitante e convidativo ao mesmo tempo. Sei que falo de um lugar muito privilegiado. Para a maioria dos brasileiros, o confinamento foi uma tortura desde o início, pois os obrigou a conviver o dia todo com vários moradores em casas de apenas um cômodo.

Com o passar dos dias, as semanas viraram meses, e os meses virando *memes* não tão divertidos. Nós nos demos conta de que não era bem assim. As promessas de fazer ginástica, aprender inglês foram dando lugar à frustração de não termos conseguido realizá-las como gostaríamos e, pouco a pouco, a ansiedade foi soltando as mãos da euforia. O tempo vago começou a ser ameaçador: a ansiedade, agora sem ter quem lhe pegasse as mãos, convidou nossos fantasmas para dançar no salão vazio. Com medo do baile, passamos a lotar o salão para impedir que ele acontecesse. Começamos a preencher nosso tempo não com atividades que nos fizessem crescer, mas com tantas que nos fizessem sumir. Entramos no Facebook, postamos no Twitter, checamos nosso Instagram, cuidamos dos filhos, lavamos a roupa, enchemos a cara, assistimos a lives, lives e mais lives até cairmos *"deads"* ou *walking dead*, de mal dormir. A euforia dos possíveis ganhos foi dando lugar à constatação das inevitáveis perdas. Perdemos tanto que nem sabemos direito o quê. A rotina, a segurança, a estabilidade, a confiança naquele amigo que contra tudo e contra todos acreditou que o vírus era uma invenção chinesa e que tudo no fundo não passava de uma gripezinha. Perdemos tanto que nem sabemos direito o quanto. Quantas pessoas… No dia em que escrevo este capítulo, nós ultrapassamos a marca de dez mil óbitos pela Covid-19. Nossos mortos foram reduzidos a números oficiais.

Assustados, cansados, deprimidos, inseguros, isolados e, principalmente, ansiosos, passamos a comer a toda hora, beber qualquer coisa e a assistir a todas as séries em série. "Nossa sociedade aceitou a ideia de que se estivermos sempre muito ocupados a verdade sobre nossas vidas não nos alcançará".[77] Para Brené Brown, nossa necessidade de entorpecimento é fruto da combinação de três componentes nocivos que vimos bem de perto durante nosso confinamento: vergonha, ansiedade e isolamento.

---

77. BROWN, B. **A coragem de ser imperfeito**. Rio de Janeiro: Sextante, 2016. p. 82.

Importante dizer que vergonha se difere da culpa. Culpa se refere a um fato: não fiz algo bem o bastante. Já a vergonha diz respeito a um estado: eu não sou bom o bastante.

> A ansiedade descrita pelos participantes da pesquisa pareceu ser alimentada pela incerteza, pelas exigências esmagadoras e competitivas de nossa época e pelo mal-estar social... A vergonha entra em cena quando experimentamos a ansiedade não apenas porque nos sentimos temerosos, impotentes e incapazes de administrar as exigências cada vez maiores da vida, mas porque, no fim das contas, a ansiedade é composta (e se torna insuportável) pela crença de que se fôssemos mais inteligentes, mais fortes ou melhores, seríamos capazes de dar conta de tudo. O entorpecimento, aqui, se torna um meio de abrandar tanto a instabilidade quanto a inadequação.[78]

No final dos anos 1980, eu trabalhava em uma escola de São Paulo e presenciei uma cena extraordinária que tem a ver com o avesso desse quadro de entorpecimento como busca de alguma forma de saciar a nossa ansiedade. Tive a sorte de filmar o momento com minha velha Panasonic VHS.

Maria, uma aluna de 3 anos e alguns meses, tinha acabado de comer e estava tentando guardar o que tinha sobrado de volta na lancheira. Botou a garrafinha lá dentro, o pratinho, umas frutas, mas um pacote de bolachas cismou de não caber de jeito nenhum. Ela se levantou, deu a volta na carteira, tentou enfiar por aquele lado, voltou, tentou do outro lado. Foi tentando de tudo quanto foi jeito e nada de o pacote entrar. Quando achei

---

78. BROWN, B. **A coragem de ser imperfeito**. Rio de Janeiro: Sextante, 2016. p. 83.

que ela ia desistir, fui surpreendido com a sua brilhante ideia: ela abriu o pacote e saiu distribuindo bolachas para os amigos. Quando achou que já era suficiente, ela tentou de novo, e o pacote teimoso continuava não cabendo. Mas ela era determinada! Sentou-se começou a comer tranquilamente as bolachas. Comeu uma, duas, três, quatro, cinco. E aí, sim, ela pode finalmente guardar o pacote – quase vazio – lá dentro.[79]

Fiquei maravilhado com a cena. Era uma *gag* genial de palhaços. Mais tarde, mostrei a fita para o professor Cláudio Saltini, diretor da escola. Ele assistiu atentamente e me disse: "Essas bolachas nunca fariam mal para a Maria. Ela as comeu para resolver um problema externo, e não para tentar tapar um buraco de dentro".

Os escudos da superexposição: holofotes

Em quase toda oficina de que participei até hoje, seja como aluno, seja como facilitador, sempre teve um participante que, por meio de várias estratégias, se escondia atrás da superexposição. Uns fazem gracinhas e piadas o tempo todo. Outros topam tudo instantaneamente, mas não se entregam de verdade. E há os que já chegam escancarando seus medos mais secretos e sofrimentos mais doídos, sem que ninguém ainda esteja preparado para isso. Estes últimos claramente *usam* a vulnerabilidade como uma armadura que os protege de *estarem* verdadeiramente vulneráveis. Em vez de se abrirem aos poucos para que uma pequena luz sinalize como estão, emitem um holofote que nos ofusca. É claro que parte deles sequer tem consciência de estarem fazendo isso, e podem estar agindo no desespero por um par de orelhas

---

[79]. Contei esta história na obra *O livro do palhaço*, publicado pela Companhia das Letrinhas em 2005.

que lhes escute e um coração que dê conta de seu transbordamento. No entanto, cabe a quem recebe o jato de luz equilibrar compaixão e discernimento: compaixão para acolher o outro em seu expurgo e discernimento para distinguir o que genuinamente transborda dele daquilo que, em forma de um mar de luz, ele faz transbordar para gerar sua armadura de vulnerabilidade. Gosto muito de uma história narrada por Nilton Bonder[80] que faz a distinção entre holofotes que nos cegam e luzes que nos sinalizam. Ele conta que um homem estava perdido em uma floresta. A noite chegou e quando ele estava ficando desesperado avistou ao longe uma luz. Logo percebeu que se tratava de um rapaz com uma lanterna. "Ufa", exclamou aliviado, "estou salvo!" Guiando-se pela luz aproximou-se e disse o quanto estava feliz por tê-lo encontrado. O rapaz, no entanto, lhe contou que também estava perdido, mas que juntos encontrariam a saída mais fácil. Neste momento, homem percebeu que o rapaz da lanterna tinha os olhos fechados. "Você é cego?", perguntou-lhe incrédulo. O rapaz respondeu que sim e o homem, inconformado, exclamou: "Ora, se você é cego, por que precisa de uma lanterna?!". E o rapaz lhe respondeu com obviedade: "Não trouxe a lanterna para que eu veja, mas para que os outros me vejam".

Os escudos da superexposição: invadir e roubar

Outro comportamento defensivo que aparece na pesquisa é o que a autora chama de *invadir e roubar*. Certamente reforçado pelo mundo louco em que vivemos, no qual temos um milhão de amigos virtuais, mas talvez ninguém para compartilhar uma história

---

80. BONDER, N. **Fronteiras da inteligência**. Rio de Janeiro: Rocco, 2011.

miúda e banal do dia a dia, esse comportamento defensivo tem a ver com a confusão entre criar intimidade e expor privacidade. Sem que estejamos preparados, a pessoa por trás desse escudo, como diz um amigo meu, invade a nossa aura com informações íntimas para as quais não estamos minimamente preparados: "Oi, muito prazer, meu nome é Luiz Fernando. Tudo bem? Eu gosto de transar de bobes".

Abalroado, o seu sistema cognitivo não sabe o que fazer: "Bobes? Ainda se usa bobes? Transar? Ele disse transar de bobes?! Qual o nome dele mesmo?".

Enquanto seu pobre cérebro tenta dar conta das surpreendentes e precoces revelações, o outro já se instalou no meio das suas defesas com a intenção de sugar toda a sua atenção e energia.

> Em minhas investigações com pessoas que desenvolvem esse comportamento, pude constatar que a motivação que está por trás dele é o desejo de atenção. É claro que as questões de valorização estão por trás do desejo de atenção, mas em nosso mundo de mídias sociais é cada vez mais difícil identificar o que é uma tentativa verdadeira de contato e o que é puro exibicionismo. De um jeito ou de outro, não se trata de vulnerabilidade.[81]

O que fazer em um caso desses? Como acredito que a compaixão e a empatia são caminhos que devem levar primeiro para dentro e depois para fora, acho que o melhor nesse caso é a gente se escutar: dou conta disso nesse momento? Se sim, a comunicação

---

81. BROWN, B. **A coragem de ser imperfeito**. Rio de Janeiro: Sextante, 2016. p. 95.

não violenta pode ser um bom percurso para ajudá-lo a descobrir quais as necessidades por trás desse comportamento.

O escudo do zigue-zague

Algumas coisas nos fazem perder muito tempo. Trânsito, por exemplo. Quem, como eu, mora em cidades como São Paulo, acaba deixando muitas horas da sua vida depositadas dentro de carros e transportes coletivos. Atualmente, como estou em quarentena, nada me faz perder mais tempo do que procurar a tampa certa do Tupperware. Acho que é por isso que esses potes têm esse nome: "Tampa? Where?". Uma loucura. Por mais que tente organizar, separar por tamanhos e formatos, elas cismam em se esconder. Nunca estão ali na gaveta, disponíveis para serem achadas de primeira. Tenho certeza de que, se somar as horas gastas com isso, são dias e dias da vida desperdiçados nessa abominável atividade. Quando morrer, tenho certeza de que chego lá em cima e me dizem: "Pode voltar. Só de Tupperware você tem mais dois meses de crédito".

Brené Brown certamente tem várias Tupperware em sua casa, mas nos seus livros ela não se refere à procura de tampas como uma atividade que nos faça perder tempo e energia. Escamotear a nossa vulnerabilidade, sim. E, admito, me reconheço muitas vezes atrás do escudo do zigue-zague.

> [...] Ziguezaguear nesse contexto significa tentar controlar uma situação dando as costas para ela, fingindo que não está acontecendo, ou até mesmo fingindo que você não se importa. Costumamos nos desviar do conflito, do desconforto, da possível confrontação, do potencial de passar vergonha ou ser magoado e da crítica (seja a autocrítica ou a que os outros

nos dirigem). Ziguezaguear pode levar um indivíduo a se esconder, fingir, evitar, procrastinar, culpar e mentir.[82]

Um bom exemplo de ziguezaguear como procrastinação é quando a gente fica dando voltas e voltas antes de entrar no assunto, como, por exemplo, iniciar falando sobre Tupperware no intertítulo sobre escudos contra a vulnerabilidade!

Para encerrar sem dar voltas, aponto o que considero uma derivação no escudo do zigue-zague e me permito incluir aqui: o desagradável escudo da positividade excessiva, que, assim como os demais, também nos ajuda a fingir que nada está acontecendo. Quando despejado sobre os outros, o excesso de otimismo impede que a empatia esteja presente e transforma o positivista no que eu e Christian Dunker chamamos de Abominável Polyana.[83]

"Oi, estou triste, perdi o emprego."

"Que ótimo! Você estava precisando descansar um pouco mesmo."

Quando usado para consumo próprio, o escudo da positividade excessiva impede que o positivista acolha a realidade como única forma de poder transformá-la: "Morreram mais de quinze mil, mas, tranquilo, é só uma gripezinha".

Escudo da desconfiança, crítica, frieza, crueldade

"A melhor defesa é o ataque", alguém disse. A notícia se espalhou e deu no que deu: um campo de batalha em cada conversa. Crítica, desconfiança e crueldade na verdade não são armaduras, mas duras armas que usamos junto à frieza da armadura. Espadas

---

82. BROWN, B. **A coragem de ser imperfeito**. Rio de Janeiro: Sextante, 2016.
83. DUNKER, C.; THEBAS, C. **O palhaço e o psicanalista**. São Paulo: Planeta, 2019.

para atacar a ousadia do outro que reflete nosso medo de ousar. Machados que cortam assuntos que nos desagradam. Lanças para manter o outro a distância. É fundamental, e isso nunca nos ensinaram na escola, que tenhamos a consciência de que, quando o assunto envolve emoção, apenas 7% do que dizemos chega até o outro por meio dos significados das palavras. Repito: apenas 7%. Cerca de 55% do que estamos dizendo ao outro é manifestado pela nossa expressão corporal, e 38% pela melodia da nossa voz. Sarcasmo e ironia, olhares e tons de voz entram aqui como temperos cruéis para a agressividade das nossas palavras. Todos nós já nos sentimos até mesmo mais feridos pela forma pela qual as palavras do outro foram ditas do que com as palavras dele em si.

Na pesquisa de Brené Brown, a crítica aparece como uma espécie de pedido de socorro. Uma estratégia em que homens e mulheres recorrem na busca por serem vistos e escutados.

Marshall Rosenberg diz que somos "perigosos quando não temos consciência de nossa responsabilidade por nossos comportamentos, pensamentos e sentimentos".[84] Brené Brown aponta no mesmo sentido: "Assumir a responsabilidade pelo que dizemos é o modo de verificar as nossas intenções".[85]

Acontece que nem sempre estamos em condições de assumir a responsabilidade pelo que dizemos pelo simples fato de que muitas vezes não temos consciência de como as palavras estão saindo de nossas bocas. Precisamos do outro. Muito provavelmente, de esse outro a quem estamos machucando talvez sem perceber.

---

84. ROSENBERG, M. **Comunicação não-violenta**. São Paulo: Ágora, 2006. p. 47.
85. BROWN, B. **A coragem de ser imperfeito**. Rio de Janeiro: Sextante, 2016. p. 98.

Interromper o ciclo de violência implica que ele nos diga o que escutou, como escutou e de que forma isso o machuca. Isso tudo sem nos imputar culpa nem vergonha, pois essas coisas servem apenas como combustível para a violência. Estou falando de um círculo virtuoso que envolve vulnerabilidade e coragem. Dele, temos a expressão do que se sente e do que se precisa. Em nós, de nos abrirmos para escutar.

Voltamos a falar aqui de compaixão e complacência. Necessitamos de compaixão com a nossa humanidade, mas não de complacência com nosso comportamento. (Por mais que, muitas vezes, a gente não consiga separar uma coisa da outra.)

O escudo de viking ou vítima

Parte significativa dos entrevistados na pesquisa de Brené Brown parecia ver a realidade por meio de uma lente bifocal que divide o mundo entre dominantes e dominados. Para esses entrevistados, ou se está no controle – e no comando – ou se é comandado. Boa parte dos entrevistados atribuiu essa visão binária de mundo aos valores e princípios que lhes foram ensinados na infância. Brené Brown enfatiza que:

> [...] Quando ensinamos aos nossos filhos que transparência e vulnerabilidade são emoções perigosas e que devem ser postas de lado, estamos lhes encaminhando para o perigo do isolamento emocional. A armadura de viking ou vítima não somente perpetua comportamentos de dominação, controle e poder naqueles que se enxergam como vikings, mas pode estimular um sentimento progressivo de vitimização naqueles que acreditam que estão sendo alvos de ataques ou tratados de maneira injusta. Com essas lentes só há dois posicionamentos

possíveis: exercer poder sobre algo ou alguém, ou se sentir impotente. Nas entrevistas, ouvi muitos participantes parecerem resignados a serem vítimas simplesmente porque não quiseram se tornar a única alternativa na opinião deles: vikings.[86]

Embora na pesquisa o grupo que sustentava essa visão polarizada fosse também composto por mulheres, a pesquisadora diz que faz sentido de certa forma dizer que "[...] isso seja, de certo modo, uma questão de gênero, pois muitos homens, mesmo os que não recorriam a essa armadura, mencionaram terem sido ensinados e moldados na infância e na adolescência pela dinâmica de que o mundo é dos vencedores. Sem esquecer de que vencer e dominar as mulheres faziam parte da lista dos princípios masculinos".[87] Em 1964, o Tremendão, Erasmo Carlos, já cantava que "perdão a namorada é uma coisa normal",[88] mas ele tinha que manter a sua fama de mau. Quase vinte anos depois foi a vez de Marcelo Camelo falar sobre o escudo do viking ou vítima ao compor "Cara Valente"[89] que grudou na nossa orelha por meio da voz de Maria Rita.

A polaridade ancestral e atávica do bom-mau, esperto-tonto, mandão-mandado é um prato cheio para o humor. Na *commedia dell'arte*, por exemplo, boa parte do jogo cômico se dá na relação do patrão rabugento e autoritário encarnado por Pantaleão e seu

---

86. BROWN, B. **A coragem de ser imperfeito**. Rio de Janeiro: Sextante, 2016. p. 90.
87. Ibid. p. 89.
88. "Minha Fama de Mau." Intérprete: Erasmo Carlos. *In*: *A Pescaria*. São Paulo: Som Livre, 1965. Faixa 6.
89. "Cara Valente." Intérprete: Maria Rita. *In*: *Maria Rita*. Warner Music Brazil, 2003. Faixa 6.

atrapalhado servo Arlequim, seu oposto. A relação binária entre viking e vítima também é retratada pelos palhaços por meio de suas duplas clássicas de Branco e Augusto. O palhaço Branco é autoritário, mandão e arrogante, costuma ser dono de todas as certezas. O Augusto se contrapõe pela ingenuidade e atrapalhação. O primeiro manda. O segundo obedece. Mas não tanto. Como uma criança, vive quebrando as regras impostas e acaba, com isso, colocando o Branco ou os dois em apuros.

O Gordo e o Magro, célebre dupla do cinema, são o melhor exemplo do que estou falando. Eles, porém, têm uma particularidade muito especial, e por isso deixei para falar deles no fim deste capítulo sobre escudos universais contra a vulnerabilidade. Ao contrário das tradicionais duplas do circo, em que o Branco muitas vezes é violento a ponto de bater no parceiro, Oliver Hardy e Stan Laurel, o Gordo e o Magro, nutrem afeto verdadeiro um pelo outro. A relação entre ambos tem matizes, nuances, cores mistas, porque cada um deles é também muito mais complexo dos que os tipos que retratam. E isso os humaniza. A relação deles revela a estupidez e inadequação dos estereótipos nos quais tantas vezes nos aprisionamos e, ao mesmo tempo, a beleza que existe quando rompemos as barras da gaiola. Em um dos seus filmes, o Gordo, desiludido amorosamente, resolve se matar e, por amor ao Magro, tenta convencê-lo a fazer o mesmo: afinal, como é que o Magro vai conseguir viver sem ele?

É uma atitude egoísta, mas sem dúvida é também uma declaração de amor. Não é à toa que sejam eternos: vemos neles o ridículo e o belo das nossas relações. Quem de nós já não disse "eu não posso viver sem você", mas no fundo estava querendo perguntar: "Você consegue viver sem mim?".

As barreiras entre o Gordo e o Magro são rompidas pelo afeto. Embora cada um tenha o seu temperamento, é o amor que rompe o círculo vicioso da relação viking ou vítima e aproxima a humanidade de um da humanidade do outro. No fim das contas, qualquer que seja a armadura que usemos para nos proteger do mundo, o que nos fortalece para sairmos de trás delas sempre será o amor. Amor por si, pelo outro, pelas nossas relações.

Acho que é disso que se trata este livro.

29 | A história de um liquidificador abandonado pelo pai (ou: sobre a coragem da vulnerabilidade)

Cursos de iniciação de palhaço costumam culminar em um evento bonito e profundo: o ritual do picadeiro. Neste ritual, o mestre "se transforma" no dono do circo e os aprendizes em candidatos à vaga de palhaço. Coloca-se um biombo na sala, os aprendizes sentam-se em frente a ele, dando espaço suficiente para as apresentações dos "candidatos". Inicia-se então o momento mais aguardado de todo o curso. Um aprendiz vai para trás do biombo, coloca o seu nariz vermelho e, ao escutar "próximo!", entra no picadeiro. Sua missão é ser contratado para atuar no circo, mas para isso terá que fazer seu mestre rir. Todos passarão pelo teste, e posso garantir que a tarefa não é fácil. O "Dono do Circo" – papel ancestral vivido pelo mestre – não procura piadistas, procura palhaços. Isso quer dizer que a comicidade que se busca no picadeiro está por trás das máscaras cotidianas, e, para ser contratado, o aprendiz terá que despi-las. "O nariz vermelho é a menor máscara, a que menos esconde e a que mais revela", dizia o mestre dos meus mestres,[90] Luiz Otavio Burnier.[91] O educador Rubem Alves fala algo bem parecido ao se dar conta de que sempre fora um educador-palhaço: "É preciso distinguir um bufão de um humorista. Um humorista é um especialista na produção do riso. Riso pelo riso. Ele é bom nas piadas. O bufão, ao contrário, produz o riso para mostrar as cuecas samba-canção debaixo da sobrecasaca".[92]

Se o aprendiz levou a sério o processo que o fez chegar até ali, nada será mais importante para ele do que aquele momento. Os dias que antecederam o picadeiro foram de intensa investigação e pesquisa. Uma jornada lúdica por meio e por dentro de si, em memórias da infância, sentimentos muitas vezes represados e protegidos por um "jeito de ser e agir" e por um corpo construído para nos blindar do mundo externo.

À medida que o processo vai se aprofundando, o mestre vai percebendo quais jogos do seu repertório podem ajudar os aprendizes a se distraírem o suficiente para "ludibriar" as defesas com as quais chegaram. Estamos falando de uma construção apoiada em prazer e delicadeza, pois é preciso compreender que se a pessoa chegou com aquela crença, com aquela convicção, daquele jeito, com aquele corpo, é porque ela precisou construir

---

90. Meus mestres de iniciação são Ricardo Puccetti e Carlos Simioni.
91. Luís Otávio Sartori Burnier Pessôa de Mello foi um dos fundadores do Laboratório Unicamp de Movimento e Expressão (Lume).
92. ALVES, R. O palhaço. *Folha de S.Paulo*, 7 fev. 2006. Disponível em: https://www1.folha.uol.com.br/fsp/cotidian/ff0702200605.htm. Acesso em: 10 mar. 2021.

isso tudo para se proteger de algo que muitas vezes ela nem sabe o que é. Por isso que quanto mais gostoso e leve for o processo, mais distraidamente o grupo se permitirá mergulhar. Um mestre consciente sabe que só a própria pessoa é quem tem o direito de derrubar a muralha. O melhor que ele pode fazer é criar espaço para que o corpo experimente movimentos pouco cotidianos, oferecendo ao habitante desse corpo um estado de conexão tão profundo que permitirá que a muralha construída dance junto com o coração que pulsa lá dentro.

A história

Maria (nome fictício) chamou a minha atenção desde o primeiro dia de curso. Ela era séria, até um pouco dura. No entanto, seu corpo rígido como um robozinho deixava transparecer um traço inconfundível de doçura que vinha lá de dentro. O contrário também é muito comum: aprendizes cuja doçura aparente faz de tudo para esconder o serzinho bravo e mal-humorado que mora lá dentro. Sei que isso acontece porque fomos educados para sermos fofos, bonitos e inteligentes, como dizia a titia enquanto apertava as nossas bochechas.

Voltando à Maria, fui percebendo que ela resistia ao processo sem perceber que estava resistente. Participava prontamente das brincadeiras, mas não vivia para valer a experiência. Lá pelo terceiro ou quarto dia, em um momento de conversas e partilhas pessoais, eu a escutei deixando escapar a frase "meu pai abandonou a minha mãe quando eu tinha 5 anos, mas eu não tô nem aí. Para mim, tudo bem".

A frase "meu pai abandonou *a minha mãe*" ficou ressoando em mim até o fim do encontro, e supus ter captado uma pista deixada por ela meio sem querer, querendo. Como se me dissesse com o canto da boca: "Olha, é disso que quero brincar".

Já era véspera da noite do ritual do Picadeiro quando a flagrei se divertindo plenamente com uma brincadeira pela primeira vez: eu havia pedido que cada um interpretasse um eletrodoméstico com o corpo. Foi bonito observá-la vivendo a brincadeira como uma criança feliz, ora girando como se fosse uma batedeira, ora chacoalhando como um liquidificador, criando movimentos e sons muitos diferentes, se divertindo e gargalhando com ela mesma. Como uma criança brincando sozinha no quarto.

Quando finalmente a noite do Picadeiro chegou, todos nós estávamos muito ansiosos e entusiasmados. Tipo primeiro dia de aula ou volta das férias. Arrumamos o ambiente lindamente com luzinhas e velas, demarcamos o espaço do picadeiro com uma corda e nos postamos em frente ao biombo. Eu os lembrei da importância daquele momento e do quanto me sentia apoiado em um enorme senso de honra e responsabilidade por estar em um lugar que já fora ocupado por grandes mestres como os que tive.

Iniciou-se o Picadeiro e os aprendizes foram se apresentando um após o outro. A experiência de quem vai à frente é também um "picadeiro" para quem está assistindo. Quase no fim das apresentações, vejo Maria se levantar e ir para trás do biombo. Perguntei se ela estava pronta, ou seja, se ela tinha colocado o nariz vermelho. Escutei um "aham", e então pedi para que ela aparecesse fazendo algo muito diferente e engraçado. Esse comando é um truque para tirar ainda mais um pouco o chão do aprendiz. O que será algo muito diferente e engraçado?

Maria entrou com muita boa vontade, mas, exatamente como no início do seu processo, ela resistiu sem perceber sua resistência. Suas macaquices não soavam verdadeiras, e por não soarem autênticas, ninguém ria. É importante dizer que isso acontece com "toda a torcida do Corinthians", como se costuma dizer. É aí que entra o papel do mestre,[93] que, por ter observado o processo de cada um, pode ajudá-los com algumas coisas que os aprendizes não se lembram de terem feito.

Olhei para a Maria, pedi que ela parasse de fazer tudo, e como *dono do circo* eu lhe disse: "Preciso contratar alguém que saiba imitar um liquidificador, a senhora sabe?". Era do que ela precisava. Em um instante, ela passou a brincar com aquilo que funcionava como um portal para o seu prazer e, consequentemente, de conexão com ela mesma. Rapidamente todos começaram a rir do liquidificador-Maria, e movida pelo sucesso imediato, passou a brincar mais e mais. Vendo que ela estava na plenitude da sua diversão, passei a incluir alguns comandos como: "Liquidificador com vergonha", "liquidificador com vontade de fazer xixi", "liquidificador apaixonado". Ela se divertia muito interpretando esses estados e a plateia se divertia muito com ela. Fui alternando os comandos até que, em um dado momento, eu disse: "liquidificador abandonado pelo pai".

Naquele instante, sinto como se o galpão onde estávamos tivesse saído do chão. Ela passa a vibrar e chacoalhar em uma coreografia intensa em verdade e movimento que parecia querer liquefazer sentimentos que estavam lá dentro empedrados havia muito tempo. Os movimentos aumentaram de intensidade até que, sem parar de dançar, ela começou a chorar e chorar e chorar e chorar. E eu e os aprendizes, "colados" nela, sem tirar os olhos por um segundo.

---

93. Só fui me libertar da vergonha de me referir a mim mesmo como mestre quando entendi que *todos* somos mestres e aprendizes uns dos outros o tempo todo. Fábio Brotto, pedagogo que criou a Pedagogia da Cooperação, diz que, quando somos cooperativos, até a pedra do caminho é nossa mestra.

Aos poucos, em decorrência do cansaço, seus movimentos começam a ficar mais suaves até que, exausta, ela parou de se mexer, mas era perceptível que continuava dançando. Ela estava muito diferente. Seu corpo não era mais o mesmo. Suas feições, seu olhar. Eu lhe dei alguns segundos e, então, pedi para que ela olhasse para mim e dissesse tudo o que gostaria de ter dito e nunca pôde dizer para o seu pai. Com uma força que vem lá de dentro, ela passou a proferir ofensas, acusações e xingamentos. Isso lhe fez recobrar a energia. Sem que ela esperasse, eu dei um novo comando: "Liquidificador com raiva!". Instantaneamente ela voltou a dançar com movimentos frenéticos, mas agora berrando palavrões. A plateia veio abaixo de tanto rir, chorar e chorar de rir com a cena daquele liquidificador furioso. Sua energia dessa vez durou menos e, lívida, ela parou, olhando-nos ofegante.

Deixei que sua respiração abrandasse e lhe disse: "Maria, o que acho mais bonito em sua raiva é o quanto ela quer te proteger da sua dor". Ela suspirou longamente e quase percebi um sorriso em seu rosto. Pedi que ela respirasse fundo e, encorajado pela nossa conexão sincera, olhasse para mim como se estivesse olhando nos olhos do seu pai e que dissesse, do fundo do coração, não o que eu (pai) fiz, mas o que ela sentiu nesses anos todos. Nunca mais vou me esquecer do liquidificador-filha olhando nos olhos do liquidificador-pai e dizendo com todo o coração: "Pai, estranhei muito quando nunca mais te vi, a gente brincava tanto. Você fez muita falta no meu aniversário de 7 anos, você tinha que ver a roupa linda que usei. Pai, eu queria muito que você estivesse em casa quando menstruei pela primeira vez, minhas amigas falaram que na casa delas teve uma espécie de rito de passagem. Você fez muita falta na minha formatura, queria muito poder olhar para você com o diploma na mão".

Sua voz saiu, serena, profunda e emocionada. Seus olhos brilhavam. Falei, então, aos aprendizes sentados na "plateia": "Levanta a mão quem acha que acaba de presenciar o momento de maior coragem que já viu de perto em toda a sua vida". Emocionados, todos levantaram os braços e ela abriu um amplo sorriso.

Mais tarde, já na porta, quando nos despedíamos, ela me procurou, me deu um abraço e um presente. Ela disse: "Muito obrigada. O processo me fez entender que a Maria pequena já foi suficientemente abandonada para que a Maria grande faça o mesmo com ela".

30 | Presença aqui e agora e de dentro para fora

Toca o telefone, eu atendo:
"Alô?"
"Alô, é o Cláudio Thebas?"
"É ele."
"Aqui é o boleto do financiamento imobiliário. Você está sequestrado."
"Boleto?! Eu… sendo sequestrado por um boleto? Impossível."
"Impossível? Em que você estava pensando durante o filme ontem à noite?"
"Ontem à noite… filme… Que filme mesmo?"
"Viu só? Está sequestrado! Hahaha. Tava pensando em mim, *mon amour*… Venço semana que vem e nada de dinheiro!"
"Que absurdo! Um boleto ter a pachorra de me sequestrar, isso é muito indigno!"
"Desculpe, boletos não têm código de ética, só código de barras!"

O tempo futuro, o tempo passado, preocupações, expectativas e ilusão de controle são sequestradores da nossa presença. O desejo de controlar é um vampiro de felicidade, presença e conexão. Ele cria um vácuo temporal que nos subtrai do aqui e agora. Não há, por exemplo, imprevistos no presente. Há, sim, imprevisto no que havíamos programado para o presente no passado. Mas o presente teima em não se submeter ao nosso roteiro. Ele se impõe. É soberano. Ele apenas é o que está sendo. Infinitivo e gerúndio juntos. Se você planejou uma viagem e tudo saiu e-xa-ta-men-te como você programou, existe uma grande possibilidade de que, apesar de todo o amor com que você possa ter se dedicado, muitas vezes você tenha sido um chato que tenha ultrapassado as fronteiras entre *cuidar* – para que tudo fosse bom – e *controlar* – para que tudo saísse como você queria. Nilton Bonder diz que a nossa presença pode ser medida pela nossa capacidade de se surpreender: "Todo processo eficiente deve produzir aspectos e situações surpreendentes. Sem surpresa, quando se busca controlar a realidade antecipando-a a presença, há perda de inteligência (capacidade de se relacionar) e, subsequentemente, de qualidade de vida".[94]

A comunicação não violenta e a linguagem do palhaço são artes do encontro e nos convidam a estar aqui, neste lugar, neste instante, eu comigo, eu com você, nós dois com essas emoções que, sim, se misturam com emoções que antecederam esse encontro. O desafio – e digo desafio para reforçar que não existe uma fórmula – é percebermos, no *bololô* de sentimentos que estão presentes no encontro, qual deles pede para ser manifestado exatamente aqui e agora. A raiva que me trouxe até aqui, por exemplo, pode ter que dar lugar à vergonha instantânea de estar

---

94. BONDER, N. **Fronteiras da inteligência**. Rio de Janeiro: Rocco, 2011.

na sua frente para falar justamente da minha raiva. Quando a gente escuta e expressa o que está vivo em nós no momento presente, juntamos os três conceitos: escuta, vulnerabilidade e estado de presença.

Se acolher e se permitir ser

Dentre as causas mais cruciais para a nossa não presença está o nosso não acolhimento de nós mesmos, o que nos faz muitas vezes passar a vida tentando ser quem não somos e estar como não estamos, em uma corrida insana para atender expectativas de um olhar estrangeiro que na maioria das vezes lançamos a nós mesmos. Não sei se é possível desligar a câmera desse Big Brother pessoal, mas tenho convicção de que podemos ser mais generosos com a edição. Falo por mim. Desde sempre travo uma luta contra o que chamo intimamente de "minha insegurança". Parece bobagem, mas preencher ficha de hotel sempre foi um tormento. O campo nome: ok; idade: ok; de onde vem, para onde vai e... lá está ele, o maldito espaço *profissão*! O que botar ali? Escritor... não, não... escritor bom mesmo é fulano e beltrano. Palhaço. Não... palhaço bom mesmo é o Arrelia. Educador? Não, né? Educador bom mesmo é ciclano. Isso tudo acontecendo e o balconista, ali, testemunhando meu sofrimento. Acho que ser palhaço me ajudou a encontrar a solução. Faz alguns anos que preencho o campo profissão escrevendo simplesmente... EU.

Antes de ser uma piada, escrever "eu" é uma verdade. Imperfeitamente, sou todas as palavras com as quais completaria aquele espaço. Escrever "eu" é uma forma de me fortalecer, afirmando para mim mesmo a minha autoaceitação. E disso faz parte aceitar a minha timidez. Sim, sou muito tímido e sempre que conto isso as pessoas me perguntam: "Mas como? É possível ser tímido e ser palhaço? Estar na frente da plateia, falar em público, todas essas coisas?". A resposta é que, ao contrário do que ouvi até os 30 anos a respeito da timidez, ser palhaço me ensinou que não precisava vencê-la como se fosse um defeito. Precisava aceitá-la. Hoje, eu e ela trabalhamos colaborativamente. Ser palhaço me faz dar as mãos para a timidez, içá-la amorosamente lá do fundo, e oferecê-la como algo que faz parte do melhor de mim. Ela é parte essencial da minha força de conexão com o outro. O encontro com a linguagem do palhaço me ajudou a compreender melhor a tal história de crenças limitantes. Não é a timidez que impede a conexão, mas a crença de que ela é um impeditivo. O que impede a conexão é a negação da nossa verdade e, com ela, da nossa presença. É muito desconfortável, por exemplo, ver alguém fingindo que está muito à vontade em uma apresentação quando percebemos o contrário. Sempre que negamos ao outro o nosso estado presente, oferecemos para ele a nossa ausência. E ausência, é claro, não conecta. Por outro lado, é muito gostoso quando vemos alguém de peito aberto admitir, por exemplo, que está nervoso, com vergonha, com medo de fracassar. Colamos nessa pessoa, porque ela está ali de corpo, mente, coração e espírito. Nos identificamos com a sua humanidade e admiramos a sua coragem.

Trabalho há quase trinta anos com equipes corporativas e é muito comum, sobretudo quando vou trabalhar com times de vendas, escutar algo assim na reunião que antecede o treinamento: "Temos um vendedor que é um avião! Extrovertido, divertido, engraçado, queremos que o time tenha esse perfil". Eu sempre respondo, do jeito mais delicado que posso, que se querem no time pessoas extrovertidas, divertidas e engraçadas, eles têm que contratar pessoas que se considerem extrovertidas, divertidas e engraçadas. Mas se querem que o time que já está lá tenha alta performance, o melhor que podem fazer é iluminar e fortalecer o potencial comunicativo de cada um e oferecer ferramentas para que se desenvolvam.

31 | Sempre aparece um cachorro no meio da roda

Se tem alguém que gosta de roda de palhaço, esse alguém é o cachorro. A gente abre a roda, começa a função e, *batata!*, pelo menos um aparece. Os mais discretos ficam ali, olhando quietinhos. Mas, invariavelmente, surge aquele tipo canino que gosta de chamar a atenção. Fica latindo, atravessa a roda pra lá e pra cá, ou pior: senta-se no meio dela e começa a se coçar como se não houvesse amanhã. Alguns mais atrevidos cismam de fazer xixi ou cocô. Tanta rua, tanta calçada, tanta árvore por aí, mas é ali, no meio da roda, que eles resolvem fazer suas necessidades. A plateia, é claro, não se aguenta e cai na risada.

Um palhaço menos experiente tende a ficar desestruturado com a cena e, por isso, pode cometer o maior erro de qualquer artista de rua: fazer de conta que aquilo não está acontecendo. Ignorar o fato e tocar o barco. Irritado por não poder controlar as marés, passa a se revoltar com a tripulação do navio: "Como pode a plateia rir do cachorro, e não de mim?!". Nessa hora os deuses da desconexão agradecem: a plateia, incomodada com o sofrimento e irritação daquele que estaria ali para lhes divertir, começa, pouco a pouco, a se dispersar. E com eles o protagonista da tarde: o cachorro.

No final da deprimente apresentação, o palhaço da nossa história senta-se, chateado, e comenta: "O espetáculo de hoje foi ruim porque um cachorro atrapalhou".

Diante da mesma situação, outro artista com mais experiência diria: "Hoje a apresentação foi ruim porque eu não soube lidar com o cachorro". Os anos de estrada (e de rua) ensinaram a esse palhaço que, para ser um artista calejado, é preciso pegar na enxada. Ou seja, para aprender a lidar com o cachorro é preciso... lidar com o cachorro. Negar a existência do cão só serve para criar um abismo – espaço e tempo – entre o palhaço e a plateia. E quando isso acontece cada um passa a viver e assistir a um filme diferente. Enquanto o palhaço está *Em algum lugar do passado*,[95] tentando resgatar um roteiro perdido, a plateia está no aqui e agora se deliciando com *Todos os cães merecem o céu*.[96]

O apego ao roteiro antigo impede que o palhaço perceba que lhe foi oferecido um novo plano proposto pelo visitante canino. E que esse plano sugere novas cenas e ações:

1. Aceitar a presença do cão;
2. Escutar que sentimentos genuínos isso gera: medo, pena, amor...;
3. Compartilhar com a plateia, revelando esses sentimentos: "O que eu faço? Tenho pavor de cachorros!";

---

95. *Em algum lugar do passado*. Direção: Jeannot Szwarc. Rastar Pictures, 1981. Vídeo (103 min).
96. *Todos os cães merecem o céu*. Direção: Don Bluth. Goldcrest Films, Sullivan Bluth Studios: 1990. Vídeo (83 min).

4. Agir de acordo com esses sentimentos partilhados.

Repulsa × impulso

A repulsa ao cachorro impedia que o palhaço utilizasse a presença do cão como impulso de conexão. Neste novo e inesperado roteiro, ele aceita e acolhe a adversidade e todas as suas ações passam a ser de inclusão da realidade que até então ele negava. Para a alegria da galera que adora ver um palhaço em apuros, ele pede socorro, sobe na cadeira, tenta se esconder atrás de alguém, chora que nem criança, sai à procura do dono. O cachorro não é mais um problema e o palhaço deixa de ser seu refém. Aceitar os fatos e compartilhar os seus sentimentos permite ao nosso herói trabalhar em cooperação com tudo e todos a sua volta.

Agora, sim. Ninguém foi embora e, no fim do espetáculo, todos merecem o aplauso: o palhaço, a plateia e o nosso visitante, que, nem preciso dizer, atuou bem pra cachorro.

32 | O conflito se escala para baixo

Você chega na cozinha e tem um prato sujo na pia. Você não gosta, mas se recrimina: "Tô ficando chato, é só um prato na pia". Vai lá e limpa. No dia seguinte, quem está lá? Um prato sujo na pia. Você podia falar com quem deixou o prato, mas: "Pra quê? Que chatice, tô ficando velho, afinal, é só um prato na pia". Você vai lá e limpa. Os dias passam, os pratos surgem e você não fala nada, afinal, é só um prato na pia. Mas aquilo vai irritando cada vez mais. Parodiando o cantor Peninha, o conflito que você negou por fora vai "crescendo, crescendo" e o absorvendo por dentro.[97] Chega uma hora que você não quer mais lavar, mas sim quebrar o prato na pia ou na cabeça do folgado, *maledeto*, bagunceiro que deixa o prato na pia. É isso o que acontece quando a gente não admite que apareceu um cachorro no meio da roda: a chance de o Chihuahua virar um Rottweiler nervoso é enorme. Negar o fato que pode gerar conflito é alimentar o conflito de dentro

---

97. "Sonhos." Intérprete: Peninha. *In*: *Sonhos & Sucessos*. Universal Music Group, 1977.

para fora. Tenho uma brincadeira que diz: "Ração 'Deixa Pra Lá!' faz seu conflito crescer e ficar forte! Encontre nas melhores 'Peste' shops!".

O economista, consultor e mediador de conflitos Friedrich Glasl,[98] sistematizou o que ele denomina como os Nove Degraus de Agravamento do Conflito e como eles podem levar a relações do prato na pia até o abismo. No filme *A guerra dos Roses* (1990), escrito por Warren Adler e dirigido por Danny DeVito, o casal protagonizado por Michael Douglas e Kathleen Turner mostra perfeitamente esse processo de Escalada dos Conflitos. Depois de dezoito anos juntos, eles decidem se separar. No entanto, o divórcio se torna uma grande disputa pela luxuosa mansão onde viviam. Tanto a dica desse filme quanto a descrição da escala apresentada a seguir é da mediadora Ana Paula Peron.[99]

Degrau 1: endurecimento

Tudo começa com uma divergência, os pontos de vista se firmam e se entrechocam. Os oponentes não conseguem mais se abrir espontaneamente, desenvolvendo pequenas restrições interiores, tornando-se seletivos. Há como uma variação entre colaborar e competir e as partes ainda se esforçam para fazer as coisas funcionarem. Mas, se não conversarem para esclarecer questões presentes e compreenderem o ponto de vista do outro, o conflito poderá evoluir para uma situação mais tensa, deslocando-se as partes para o degrau seguinte.

---

98. GLASL, F. **Autoajuda em conflitos**. São Paulo: Antroposófica, 1999.
99. Ana Paula Peron é mediadora de conflitos e cofundadora da Lapidar. Disponível em: https://www.lapidar.me/. Acesso em: 10 mar. 2021.

Degrau 2: debate/polêmica

A palavra debate deriva do francês, prefixo *de*, "completamente", com *batre*, "bater, golpear".[100] Esse modelo de conversa supõe, portanto, que o outro é um adversário, um oponente que precisa ser derrotado. Ou seja, como o próprio nome diz, cada um buscará ter razão e iluminar, da melhor maneira possível, o próprio ponto de vista, que passa a ter o mesmo valor que o objeto da discordância. Ou seja, ter razão passa a ser essencial.

Nesse nível, as partes se tornam bastante polarizadas. Assim, os argumentos são fortemente rebatidos e a discussão é desviada para o tema no qual cada pessoa se sente segura para promover insegurança no oponente. Cada lado se fixa em sua própria linguagem e não consegue mais ouvir, imparcialmente, os interesses do lado oposto. Trata-se de um jogo no qual o que importa é mostrar superioridade intelectual, provocando polêmica.

No momento em que as partes se convencem de que não será possível se entender por palavras, pois por elas só se irritam mais e mais, o conflito passa ao próximo nível.

Degrau 3: ações sem palavras

Agora, cada um faz o que quer, apresentando a sua opção como um fato consumado. As ações passam a definir os acontecimentos e, agora, os "inimigos" passam a se olhar com desconfiança. Isso aumenta mal-entendidos que, por sua vez, aumentam a desconfiança.

Frases como "não falo mais nada, agora vou fazer do meu jeito" passam a ser comuns. Com o aumento da desconfiança, as

---

100. Debate. **Origem da Palavra**, 2011. Disponível em: https://origemdapalavra.com.br/palavras/debate/. Acesso em: 08 mar. 2021.

partes começam a procurar aliados. Nessa altura, há o bloqueio da empatia e cada lado se fecha nas próprias questões emocionais, sem conseguir perceber o que ocorre ao redor.

Até aqui, o foco das discussões ainda é o conteúdo que deu origem ao conflito. Ainda é possível que a relação se torne um jogo de ganha-ganha. O apoio das pessoas do entorno pode despertar as partes para o risco de, em vez de terem um conflito, serem absorvidas e totalmente enredadas por ele. Daqui até o sexto degrau, o foco deixará de ser o conteúdo e o conflito passará a ser o outro.

Degrau 4: imagens e coalizões

Os partidos estão tomados. Os times se enfrentam. Não há mais uma discussão entre dois oponentes, mas uma crise entre dois grupos. Quem está a favor de um dos lados está contra o outro – e vice-versa –, e cada lado se esforça para provar o quanto está certo e é competente, enquanto o outro está errado e é incompetente. A desqualificação dos oponentes é intensa. A cada nova experiência se fixam imagens da incompetência do outro. E tudo é feito para provar a teoria de que o outro é o errado. Assim, os lados avançam, buscando provar as suas teorias. Além disso, cada um se esforça para trazer mais gente para o "seu" lado e reconhecer as "más intenções" do outro partido. A confrontação fica mais radical e violenta, podendo chegar até a agressões físicas.

Degrau 5: "perder a cara" ou desmascarar o inimigo

Agora o bicho pegou de vez! O objetivo é fazer com que o oponente perca sua credibilidade moral. É dramático. Cada lado julga ter descoberto as verdadeiras intenções destrutivas do outro, e então se confrontam: nós, os anjos, contra eles, os demônios. O cenário é de heróis contra bandidos. Surgem agressões sem consideração alguma. Os ataques se tornam públicos e os agressores têm o compromisso moral de desmascarar o inimigo, de desmoralizá-lo.

Degrau 6: estratégias de ameaças

As partes em conflito passam a mostrar suas armas: "Se você não fizer do meu jeito, você vai ver!". Como é dando que se recebe, o outro pode querer se vingar, e em algum momento vem o troco. Em geral, fica-se refém da ameaça que se fez: "Ou cumpro a promessa ou perco a moral". Fazemos muito isso com nossos filhos: "Se não fizer a lição você vai apanhar!". E agora, o que fazemos?

Desse ponto em diante, cada degrau da escada terá o objetivo da destruição do outro – e todos perderão em algum grau. Não há ganhos reais para nenhum dos lados.

Degrau 7: ataques de destruição

Promessa é dívida e deixar de cumpri-la seria sinal de fraqueza. As partes julgam não haver alternativa senão partir para a ação. Passa-se agora a tentar ferir "mortalmente" nosso "inimigo" com tudo que estiver ao alcance. Sanções e castigos é de praxe. O desejo de ambas as partes é colocar um ponto-final no conflito, mas pela coerção, pela força, querendo obrigar o outro a fazer o que se quer.

Degrau 8: aniquilação total

Aqui ao lema é: "Eu perco, mas o outro perde mais". Recordo de uma antiga história, de cujo autor que já não me lembro.

Um homem andava pelo seu vilarejo quando tropeçou em uma lâmpada mágica. Entusiasmado, ele esfregou o objeto e lá veio a fumacinha que depois se transformou em Gênio. Naquele instante, passou por sua cabeça as maravilhas que poderia pedir para exibir aos seus desafetos. Materializado, o Gênio lhe disse: "Tu me libertaste e por isso lhe concedo um pedido. Mas pense bem, pois tudo que me pedires darei em dobro aos teus inimigos". Surpreso e desapontado, o homem pensou, pensou e lhe disse: "Peço que me arranques um olho".

Degrau 9: juntos ao abismo

Se for preciso morrer para que o outro seja destruído, ok, eu morro: "Prefiro falir a empresa a ver você trabalhando aqui!"; "Prefiro perder a guarda, mas com você meu filho não fica"; "Vou vender esta casa nem que eu tenha que morar na rua".

Aviões nas Torres Gêmeas. Carros-bomba em Beirute. Kamikazes em Pearl Harbor.

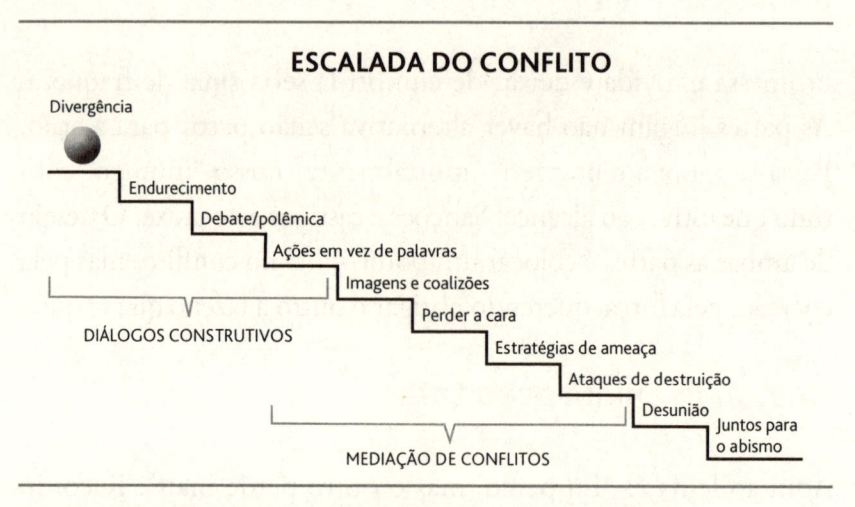

ESCALADA DO CONFLITO

- Divergência
- Endurecimento
- Debate/polêmica
- Ações em vez de palavras
- Imagens e coalizões
- Perder a cara
- Estratégias de ameaça
- Ataques de destruição
- Desunião
- Juntos para o abismo

DIÁLOGOS CONSTRUTIVOS

MEDIAÇÃO DE CONFLITOS

Fonte: GLASL, F. **Autoajuda em conflitos**. São Paulo: Antroposófica, 1999.

33 | Encare a construção da paz como uma arte ou uma brincadeira

John Paul Lederach, considerado um dos maiores especialistas na construção de paz da atualidade, um dia fez uma pergunta para si mesmo: "Quais disciplinas, se não estivessem presentes, tornariam a construção da paz impossível?". Interessante observar que a pergunta remete a falta, e não a presença. Tivesse ele perguntado quais disciplinas *precisam estar presentes* para a construção da paz, as portas se abririam ao infinito. Como um cientista em seu laboratório, Lederach colocou sua vasta experiência na lâmina do microscópio para tentar visualizar o que seria o DNA dos processos de construção da paz. A resposta a que chegou após longa dedicação é de que a essência da construção se encontra na junção de quatro disciplinas que ele denomina como A Imaginação Moral:[101] Capacidade de Relacionar-se, Curiosidade Paradoxal, Criatividade e Risco.

---

101. LEDERACH, J. **A imaginação moral**. São Paulo: Palas Athena, 2012.

A combinação dessas disciplinas nos oferece uma resposta sobre a construção da paz: não existem respostas. Não existem fórmulas, técnicas precisas, nem caminhos retos e certeiros. A construção de paz é sempre um processo novo, sobre um novo rumo. Uma tela para o pintor, um espaço para o arquiteto, uma pedra bruta para o escultor, um palco para o ator, o chão para os bailarinos, um pátio para a criança. É um processo artístico e paradoxalmente lúdico. Nosso repertório de vida, nossas experiências são os instrumentos da busca, mas é preciso ousadia para recriar o mundo, papel da arte e das brincadeiras. Não existe o caminho. É sempre preciso inventá-lo. Por isso, um bom mediador, assim como um bom palhaço, sempre deve chegar vazio para os encontros. Percebemos que o aprendiz de palhaço está ganhando maturidade quando vemos que ele consegue se esvaziar para entrar em cena. Fazemos muita confusão entre entrarmos preenchidos e entrarmos inteiros. E isso faz toda a diferença. Entrar preenchido é chegar com a piada pronta, com ideias pré-concebidas, agarrado ao roteiro, sem espaço para ser ocupado pelo aqui e agora. Preenchidos, excluímos a realidade "real" por apego à realidade que pré-programamos. Sempre é melhor chegarmos vazios, mas inteiros. Vazios para podermos nos ocupar e sermos habitados por todas as contingências do encontro, que é sempre único. Inteiros significa estarmos conscientes e conectados com o nosso repertório. Como diz meu amigo Álvaro Lages, nós somos a nossa mochila. Chegar inteiro é chegar com toda a nossa bagagem para que ela possa ser disponibilizada durante a experiência do encontro. A nossa "mochila" é que vai nos oferecer alguma segurança para suportamos o inesperado. Encontros verdadeiros são sempre únicos e, por isso, imprevisíveis. A nossa inteireza – vulnerabilidade, escuta, presença e domínio de repertório – é que vai oferecer além da quantidade de ordem para surfarmos no caos dos encontros, também a coragem suficiente para acreditarmos que é possível recriar a realidade a partir do fazer, agir e interagir. Estou falando de uma força muito poderosa que antecede a tudo e nos mobiliza: a fé. Palhaços atuam no mundo com fé e, por isso, pensam agindo, acreditam fazendo. Os obstáculos não os paralisam, mas os convocam a agir, porque eles têm fé de que é possível. É muito comum a gente escutar que palhaços gostam de problemas, pois problemas oferecem um arsenal de *gags* e situações cômicas. Porém não é correto pensar assim. Palhaços não gostam de problemas, mas sim de soluções. Acreditam tão piamente que é possível superar as adversidades que, sem titubear, logo colocam a mão na massa. Nilton Bonder narra uma história que ilumina esse aspecto da fé que deveria nos mover incondicionalmente para a ação:

Conta-se que em certa região da Europa já não chovia fazia meses. Os agricultores estavam desesperados. Como é costume na tradição judaica, a dita cidade resolveu decretar um dia de jejum e orações para pedir por chuva. Todos acorreram à sinagoga, mas o rabino não apareceu. Resolveram, então, procurá-lo em sua casa, e para surpresa geral, o encontraram almoçando tranquilamente.

Perguntaram: "Desculpe-nos pela intromissão, ilustríssimo rabino, mas acaso o senhor não sabe que hoje foi decretado jejum?".

Sem se abalar, o rabino respondeu:

"Jejum? Por quê?", reagiu ironicamente.

"Porque estamos em uma seca muito intensa. Por isso estamos nos congregando na sinagoga com muita fé à espera de milagres."

O rabino foi então para a janela e, observando a multidão que acorria até a sinagoga, disse: "Fé? Estão todos a rezar por chuva, mas não há um único indivíduo carregando um guarda-chuva".[102]

---

102. BONDER, N. **Fronteiras da inteligência**. Rio de Janeiro: Rocco, 2011.

Na década de 1990, as mulheres de Wajir, distrito localizado no Nordeste do Quênia, movidas pela fé inabalável de que era possível fazer algo por sua comunidade, reuniram-se e "empunharam seus guarda-chuvas". Os tempos eram terríveis. O distrito era formado, em sua maioria, por clãs somalis, e com o colapso do governo da Somália, que atraiu inúmeros refugiados para o Quênia, Wajir logo se viu mergulhado em lutas sangrentas e cruéis entre clãs armados. John Paul Lederach conta que uma das principais líderes femininas, chamada Dekha, recorda-se da noite em que os projéteis cruzavam pelo seu quarto enquanto ela e seu filho se escondiam debaixo da cama. A violência estava por toda parte. As mulheres, mesmo as crianças, temiam andar na rua e serem estupradas ou baleadas por meninos que circulavam carregando e exibindo seus revólveres. Dekha se reuniu, então, com outras mulheres para "ver o que cada uma pensava e sabia fazer" e juntas concordaram que era preciso agir de alguma forma. Foi consenso que deveriam começar pelo mercado. Todas concordaram que aquele lugar deveria ser seguro para qualquer mulher de qualquer clã, afinal, era ali que todas iam com seus filhos para comprar mantimentos para a família. O acesso ao mercado e a segurança dentro dele eram um direito imediato a ser garantido. Como o mercado era basicamente comandando por mulheres, eles cuidaram de espalhar a notícia e organizaram uma rede de observadores, que tinham a missão de informar sobre os perigos ou infrações, qualquer que fosse o clã do infrator. Sempre que ocorria algum problema, um comitê de mulheres se reunia para discutir o assunto. Muito rapidamente as mulheres haviam criado uma zona de paz no mercado. Essas reuniões e iniciativas resultaram na criação da Associação de Mulheres de Wajir pela Paz. Acontece que, quando se vive a experiência de se perceber agente de transformação da realidade, fica difícil se contentar com só uma fatia do bolo. O conflito amplo ainda afetava demais a vida cotidiana, então as mulheres decidiram conversar com os anciãos de todos os clãs. Não seria uma tarefa exatamente fácil de se fazer. "Quem são as mulheres para que possam nos aconselhar e pressionar?", elas temiam receber como resposta. Estrategicamente passaram a utilizar os seus contatos pessoais com homens interessados em contribuir com a causa e estes conseguiram reunir anciãos de todos os grupos dispostos a dialogar. Um dos anciãos, muito respeitado, mas que vinha de um clã menor e por isso menos ameaçador, se prontificou a ser o porta-voz delas e iniciou o encontro com uma pergunta que convidava todos a assumirem sua responsabilidade, sem, no entanto, acusar nem atribuir culpa: "Por que mesmo estamos lutando?". Silêncio no salão... O ancião arrematou, então, sua fala inicial com um fato incontestável: "Nossas famílias estão sendo destruídas". Após longas discussões, todos concordaram no ponto essencial: era preciso e possível fazer alguma coisa. Decidiram formar comitês para encontros regulares. Nascia naquele momento o Conselho de Anciãos pela Paz. Inquietas, as mulheres de Wajir conseguiram estabelecer contato com representantes do parlamento nacional. Acompanhadas pelos anciãos, puderam descrever a situação com clareza e receberam as bênçãos do governo para o processo de pacificação que estava em curso. O próximo passo era envolver os jovens, afinal, eram eles que estavam no meio do mato na luta corpo a corpo. Convocados por elas e pelos seus aliados, os anciãos, as principais lideranças dos jovens, se reuniram e decidiram se juntar à causa formando o que viria a se chamar de Juventude pela Paz. Juntos, passaram a viajar pelo distrito dando palestras, mas, antes e principalmente, escutando outros jovens lutadores. Rapidamente, detectaram a preocupação com emprego. As batalhas, o roubo de gado, os assassinatos eram uma importante fonte de renda. Não seria possível interromper o ciclo de violência se não fossem criadas alternativas econômicas. As mulheres de Wajir, os anciãos e os jovens passaram a se encontrar então com representantes da comunidade econômica, e logo várias iniciativas foram desenvolvidas como ofertas de empregos na reconstrução. Líderes religiosos se interessaram a participar do processo de pacificação e, conjuntamente, as mulheres, os jovens, os anciãos, os homens de negócios e os religiosos fundaram o Comitê de Paz e Desenvolvimento de Wajir.

Essa jornada extraordinária só foi possível porque um dia as mulheres de Wajir se encontraram, se escutaram e acreditaram que o repertório de cada uma somado era suficiente para iniciar a caminhada. Ousaram sonhar com um mercado seguro e acabaram por transformar a realidade do seu distrito. Construíram teias de relações, tiveram curiosidade paradoxal sobre o que havia por trás de cada obstáculo, ousaram criar um novo percurso enquanto caminhavam e, acima de tudo, correram todos os riscos.

O papel central das relações: a teia

Seja em um conflito na Somália, em uma guerra de facções nas montanhas do Rio de Janeiro, nas selvas da Colômbia, no seu escritório, na encrenca com seu vizinho, o encaminhamento da violência para uma solução pacífica implica reconhecer a responsabilidade e a reciprocidade de todos os envolvidos. Fazemos parte do mesmo roteiro e encenamos o mesmo enredo, palavra esta que nos coloca no mesmo filme e na mesma rede.

> Uma rede, quando embaraçada ou rasgada, é cuidadosamente desembaraçada e remendada. No entanto, quando o processo de colocar as coisas novamente em ordem está completo, a

trama do todo permanece um tecido de linhas, conexões e nós. Como metáfora, enredo vê o próprio conflito, bem como a forma de pensar sobre a resposta ao conflito, como uma dinâmica social em andamento, embutida em uma rede de relações.[103]

Lederach traz também uma observação de Margaret Wheatley[104] que reforça a necessidade de nos percebermos interdependentes: "Nada no universo existe como entidade isolada e independente. Tudo assume a forma de relações, sejam partículas atômicas que compartilham energia ou ecossistemas que compartilham alimento. Na teia da vida, nada que é vivo vive só".

"Eu sou de ninguém
Eu sou de todo mundo
E todo mundo me quer bem
Eu sou de ninguém
Eu sou de todo mundo
E todo mundo é meu também."[105]

Durante a minha iniciação de palhaço, meus mestres disseram uma frase que carrego comigo como um mantra: "Um palhaço, quando olha nos olhos do outro encontra algo que lhe pertence".

---

103. LEDERACH, J. **A imaginação moral**. São Paulo: Palas Athena, 2012.
104. Margaret Wheatley é uma escritora e consultora de administração americana que estuda o comportamento organizacional e se baseia em conceitos como abordagem do pensamento sistêmico, teorias de mudança, teoria do caos, liderança e organização de aprendizagem. Disponível em: https://margaretwheatley.com/bio/. Acesso em: 10 mar. 2021.
105. "Já sei namorar." Intérprete: Tribalistas. *In*: *Tribalistas*. Rio de Janeiro: Phonomotor Records e EMI, 2002.

A letra da na página anterior, dos Tribalistas, se estende para além da noção de interdependência e traz a ideia de que *intersomos* e *interpertencemos*, como vimos brevemente no Capítulo 14. Nos trabalhos de escuta que desenvolvo com grupos, essa ideia sempre ganha corpo e se fortalece. À medida que as histórias pessoais são partilhadas, todos se emocionam porque encontram parte de si nas palavras dos outros. Interdependemos porque, essencialmente, *intersomos* e pertencemos ao mesmo fluxo das coisas boas que a vida nos dá. Durante a pós-graduação em Pedagogia da Cooperação,[106] no módulo Princípios da Coexistência, Lia Diskin[107] nos fez refletir sobre esse fluxo de maneira poética, concreta e impactante. Ela iniciou a viagem com uma pergunta: "Quantos litros de água uma pessoa bebe por dia?". Um litro, um litro e meio? Você já pensou em quantos rios você vai beber durante a sua vida? Quanto de água tem que brotar da fonte, o quanto tem que fazer sol, que evapora a água, que vai virar chuva, que alimenta o rio que você bebe? Já pensou que, para essa água do rio chegar na sua casa, alguém teve que construir canos e bombas, que mandam a água até chegar na torneira, que milhares de torneiros ajudaram a moldar? Quantos tomates, alfaces, cenouras você já comeu na vida? Quantos hectares de hortaliças você já comeu, e quantas sementes foram plantadas e quantos lavradores semearam, e quantos colheram, quantos

---

106. Pedagogia da cooperação. **Projeto Cooperação**. Disponível em: http://projetocooperacao.com.br/pos-graduacao/pedagogia-da-cooperacao/. Acesso em: 10 mar. 2021.

107. Lia Diskin é jornalista e cofundadora da Associação Palas Athena, tendo recebido diversas premiações como a honraria por sua contribuição na área de direitos humanos e cultura de paz recebido na comemoração dos sessenta anos da Unesco. Recebeu, também, o Prêmio Internacional da Jamnalal Bajaj Foundation, da Índia, por sua contribuição na promoção dos valores gandhianos, e o Prêmio Trip Transformadores 2010.

motoristas transportaram até a feira e o supermercado? Quanto combustível, que movimenta o caminhão que leva a hortaliça, foi produzido? Você já pensou que esse combustível é derivado de petróleo, e petróleo são organismos que habitaram a Terra há bilhões de anos? Que seu tênis, seu sapato, que são feitos de derivados de petróleo, carregam toda essa história?

É impossível conceber um caminho de construção e paz se excluirmos o outro ou se tentamos nos excluir da trama vital que – à revelia do nosso desejo ou compreensão – nos conecta inexoravelmente.

> Interromper a violência exige que as pessoas adotem uma verdade mais fundamental: aquilo que fomos, somos e seremos surge e assume forma em um contexto de interdependência relacional... a qualidade da nossa vida depende da qualidade da vida dos outros. Ela reconhece que o bem-estar de nossos netos está diretamente amarrado ao bem-estar dos netos de nossos inimigos.[108]

A curiosidade

Para Lederach, imaginar um caminho para além dos ciclos de violência em que estamos inseridos implica a capacidade de irmos além das polaridades dualísticas. É preciso se relacionar com a realidade com uma outra qualidade, que fundamentalmente reconhece e respeita a complexidade e se recusa a cair nos compartimentos forçados das dualidades e das categorias predefinidas por nós mesmos. A transcendência desse modo de ver e viver o

---

108. LEDERACH, J. **A imaginação moral**. São Paulo: Palas Athena, 2012.

mundo depende de nos conectarmos com o que ele chama de curiosidade paradoxal.

Etimologicamente, curiosidade deriva do latim *curiosus*, que, por sua vez – veja que interessante –, origina-se em "cura".[109] Curiosidade tem o mesmo radical que conduz a cuidado e cuidador.

Paradoxo, do grego *paradoxos*, é um termo há muito tempo apropriado pela filosofia e ciências.[110] O mais interessante do paradoxo é a sua capacidade de unir no mesmo fio da meada duas verdades que se opõem, gerando uma terceira possibilidade maior em significado do que as duas pontas originais.

A curiosidade paradoxal é, portanto, o que nos possibilita debruçarmos o olhar sobre o outro com o qual estamos em conflito, paradoxalmente curiosos para descobrir o que há por trás das suas ações. Mas podemos ir além. Acredito que, se quisermos ampliar nosso olhar paradoxal a tudo e a todos, precisamos somar a ele outro componente poderoso, virtude que nos era farta quando éramos crianças: a incondicionalidade. Volto a falar aqui do concílio com a nossa criança como forma de integrar nossas duas sabedorias: experiência e inocência. No caso, a inocência da criança que nos faz ter uma curiosidade incondicional sobre tudo e todos sem distinção e a experiência do adulto que nos permite suportar o paradoxo de alguns encontros.

Importante não confundirmos curiosidade com investigação policialesca. Ambas nos fazem perguntar, mas a primeira tem a ver com descobrir e a segunda com inquirir. A curiosidade nos aproxima do outro com a intenção de descobrir "ele", e não descobrir

---

109. Curiosidade. **Origem da Palavra**, 2018. Disponível em: https://origemdapalavra.com.br/palavras/curiosidade/. Acesso em: 08 mar. 2021.

110. Paradoxo. **Origem da Palavra**, 2011. Disponível em: https://origemdapalavra.com.br/palavras/paradoxo/. Acesso em: 08 mar. 2021.

nele ou dele. Perguntas inquisidoras são próprias da indignação. Não se originam na curiosidade, mas do choque entre desejo e realidade. A indignação é uma expectativa que levou susto. E o estado de "susto" pode ser importante para a gente sobreviver, mas não para se relacionar. Qual é a nossa reação instintiva quando levamos um susto? Gritamos, nos exaltamos, proferimos palavrões. Convenhamos, não é bom conversar, portanto, quando estamos assustados. Mas não ignoremos a importância e a legitimidade da indignação. A comunicação não violenta nos ensina que ela, como prima da raiva, pode ser uma grande parceira se quisermos empreender uma jornada autoempática. Podemos lhe dar as mãos e aproveitar do seu caráter investigativo para mergulhar em nós mesmos em busca de pistas que nos levem à origem da nossa raiva, que certamente estará escondida dentro de alguma caixa de necessidades, por trás dos pensamentos negativos que atribuímos aos outros e a nós mesmos.

Criatividade

Inovar é a arte de errar com consciência. O que quero dizer com isso: que diante do novo não há apenas duas possibilidades, acerto ou erro. É justo falar que alguém errou ao arriscar uma coisa que não existe? O resultado pode até não ser o esperado, e é a isso que me refiro sobre errar com consciência: colher o que aprendemos no processo. Para mim, diante do novo existem não duas, mas três possibilidades: o acerto, o não acerto e a omissão. Se quisermos nos referir ao erro como algo ruim, poderíamos dizer que omitir-se é o erro que impede que a gente acerte ou não acerte e, com isso, aprenda e amplie nosso acervo de experiências. O que fizeram as mulheres de Wajir? Apoiaram-se no repertório de cada uma para iniciar a caminhada com um objetivo claro: a segurança no mercado. Aqui temos dois aprendizados:

1) **Valorar nosso repertório**: quantas conversas difíceis você já teve na vida? Olhando-as com distanciamento, o que você pode trazer como aprendizado para suas próximas conversas? O que deu certo? O que deu errado? Por certo, me refiro a todos saírem bem da conversa, e não a você ter conseguido o que queria. Qual era o seu estado emocional e mental? Qual foi a intenção que o moveu ao papo? Escutar, convencer, esclarecer? Nossas experiências carregam pistas extraordinárias para desbravarmos caminhos que não existem.

2) **Contorno**: as mulheres de Wajir tinham um foco claro: o mercado. Acredite, a gente tem que sonhar grande, mas fazer pequeno. Um grande feito é a soma de várias pequenas ações colaborativas. Além disso, é muito mais fácil criar quando temos um ponto claro e definido de partida. Na escola, sempre preferia escrever uma redação quando os professores definiam o tema do que quando vinham com o apavorante "tema livre".

Para John Paul Lederach, a criatividade como fazer artístico é fruto da nossa interação aqui e agora com a realidade: "A criatividade avança para além do que existe, rumo a algo novo e inesperado, ao mesmo tempo em que surge do dia a dia e conversa com ele. Este é, de fato, o papel do artista, e é o motivo pelo qual a imaginação e a arte estão na vanguarda da sociedade".

O caminho inexistente aguarda o passo de quem busca a paz, assim como a tela espera pela tinta do pintor e o pátio, pela brincadeira das crianças. No livro *O palhaço e o psicanalista*,

Christian Dunker e eu falamos bastante sobre o quanto a nossa capacidade de criar é indissociável de nos conectarmos com a nossa ludicidade:

> Ludicidade é nossa capacidade inata de brincar, de jogar e que está sempre viva em nossa criança interior. Conectar-se com a ludicidade é permitir que nossa criança, escondida lá dentro, apareça aqui fora. A palavra "criança", por sua vez, deriva de "criar". Lembre-se de quando você era pequeno ou pequena. Você não criava e recriava o mundo ao seu redor o tempo todo? Meu quarto poucas vezes foi o *meu quarto*. Ele era um planeta desconhecido, o deserto do Saara, um oceano revolto, ou um campo de batalha para o qual minha espada era o que eu tivesse à mão: uma régua, uma caneta, um pedaço de papel enrolado. Quem já não fez coisas assim?
>
> Se pensarmos que o maior criador de universo é Deus (e para os ateus, isso vale como metáfora), isso significa que quando silenciamos a nossa criança, estamos silenciando também nossa capacidade de criar o mundo que queremos. Uma vez aceito isso, devemos nos resignar a viver no mundo que os outros criam para a gente, com suas regras que já vêm prontas. Nosso grande desafio é promovermos o encontro do adulto que somos com a criança que acreditamos ter sido, mas que continua viva em algum lugar de nós. Fazer o concílio da experiência com a inocência, essas duas sabedorias complementares, requer alternância de focos e capacidade de sair e entrar nas situações. Assim, quando o adulto titubear, o pequeno lhe puxar para a frente: "Vai!". E quando a criança interna estiver muito afoita ou imprudente, a experiência do adulto lhe dizer: "Espera... calma...".

Ludens originou a palavra *ludere*, que significa "ilusão". Costumamos olhar para as ilusões como algo nocivo, que nos tira da realidade, coisa de quem não tem os pés no chão. Mas o que faz o mágico com suas ilusões senão nos mostrar outra realidade que estava ali, bem na nossa frente e que não conseguíamos ver? *Ludere*, portanto, nos remete a enxergar novas possibilidades ou oportunidades. É no eixo *Ludens* que reside nosso potencial inovador! A mesma coisa acontece com a palavra "diversão", prima-irmã da ludicidade. Diversão deriva de *divertere*, que significa voltar-se para o outro lado. Mudar, portanto, o ponto de vista.[111]

Disposição para o risco

Palhaços são improvisadores por natureza. Ao contrário do senso comum, que associa improvisar a fazer de qualquer jeito, é preciso muita escuta e consciência sobre o seu repertório para que o improviso não seja "fazer qualquer coisa". Improvisar é ter a capacidade de escutar as contingências do momento e alocar o que parece ser adequado do seu repertório para aquele instante único e específico. Volto à história das mulheres de Wajir. Antes de iniciarem suas ações, elas se reuniram, se escutaram e organizaram-se a partir dos seus saberes. Essa reunião de ideias e saberes é que as encorajou a encarar um caminho inexistente com todo o risco que isso envolve.

Arriscar é dar um passo para o desconhecido sem nenhuma garantia de sucesso ou mesmo de segurança. O risco, por sua

---

111. DUNKER, C.; THEBAS, C. **O palhaço e o psicanalista**. São Paulo: Planeta, 2019. p. 183-184.

própria natureza, é misterioso. Ele é o mistério vívido, pois se aventura por terras não controladas nem mapeadas. As pessoas que vivem em cenários de conflito profundamente arraigado enfrentam uma ironia extraordinária. A violência é conhecida; a paz é um mistério. Por sua própria natureza, portanto, a construção da paz exige uma enorme jornada guiada pela imaginação do risco.[112]

Para os palhaços, fracasso é não saber falhar. Eles são mestres em aprender com os erros e em correr riscos. No circo, enquanto todos os outros artistas fazem coisas impossíveis, o palhaço tropeça e caí, se levanta e vai. E nós, na plateia, rimos aliviados, porque, assim como ele, também caímos, levantamos e vivemos tentando. O processo da comunicação não violenta é igualmente sobre aprender, arriscar, tentar e não desistir. Por isso é também uma arte que envolve risco. Um caminho, nunca uma fórmula. Talvez possamos entendê-la também como o bastão que ajuda o artista a manter o equilíbrio na fita sobre o abismo.

---

112. LEDERACH, J. **A imaginação moral.** São Paulo: Palas Athena, 2012.

34 | As palavras condensam universos

Eu e meu amigo e parceiro Christian Dunker estávamos tomando um café depois de uma palestra e ele, de repente, me solta a frase: "As palavras condensam universos". Ele tem essa mania de soltar frases incríveis como se estivesse pedindo mais uma fatia de presunto. Calhou de nessa época eu estar justamente me organizando para escrever a respeito da importância da checagem sobre o que entendemos do que foi dito, ou sobre o que entendemos do que não entendemos. Marshall Rosenberg descreve esse processo de checagem de uma forma bem simples: "Você se importaria de repetir o que eu disse para a gente saber se você entendeu mesmo o que falei?". Ou: "Vou repetir o que entendi sobre o que você falou para que você me ajude a perceber se foi isso mesmo o que você disse". Confirmar se o que foi escutado condiz com o que foi dito nos ajuda a evitar discussões do tipo: "Não ponha palavras na minha boca" e "Não foi isso que eu falei".

A frase de Christian teve o efeito de um *TOIM!* na minha cabeça. A atitude mútua de checagem é um convite para entrarmos no universo particular do outro ou para que ele entre na bagunça do nosso quarto. Um gesto simples de humildade que nos ajuda a estar na mesma página, ainda que ela esteja em branco, ou cheia de rasuras. Manoel de Barros diz que "no descomeço era o verbo. Só depois é que veio o delírio do verbo".

Buscar verdadeiramente compreender a palavra do outro é partilhar os delírios dos nossos verbos que deliram de um jeito em cada um de nós. "Bem-vindo. Entra aqui na minha casa para entender o que significa casa para mim. O que entendo por sofá, poltrona, parede. Vem escutar o que entendo por cama, para entender por que me deito desse jeito."

35 | Truco! Ou: como podem ser surpreendentes os gestos de amor

Eu e meu pai nos despedimos brincando. Foram quase dois meses de hospital e a cada dia era visível sua decadência tanto física quanto mental. Ele jamais esqueceu quem éramos, eu, minha mãe, minha mulher, seus netos e amigos próximos. Mas ele estava muito confuso quanto a todo o resto. Para ajudá-lo a manter alguma vitalidade física e mental, eu propunha brincadeiras, o que ele prontamente topava. Passávamos horas, por exemplo, brincando de atirar moedinhas em copos que eu espalhava no chão. Ele adorava a brincadeira e minha mãe conta que a toda hora ele perguntava quando eu voltaria para continuarmos brincando. Naqueles cinquenta e tantos dias, a única "roupa" que ele vestiu foi o típico avental de paciente, aberto atrás com desenhos azuis e circulares que até hoje eu não sei se são flores ou mandalas. Confuso, a toda hora ele me perguntava: "Onde estou mesmo, filho?". Amorosamente, eu respondia: "No hospital, pai. Você está com pneumonia".

Um dia, em uma dessas poesias que a vida nos oferece, depois de perguntar pela décima vez onde estávamos e escutar que estávamos no hospital, ele olhou assustado para o avental com mandalas e exclamou: "Filho do céu! Eu estou com o vestido da enfermeira!". Não aguentei e ri alto. Me emocionei com a inocência que a doença conferia àquele homem de 91 anos. Curioso, ele me perguntou por que eu ria, e quando lhe expliquei, ele também deu boas risadas. Não se constrangeu, nem se chateou. Apenas riu de si mesmo como o vi fazer muitas vezes a vida toda. Meu pai sempre foi meio palhaço.

Um dia, levei ao hospital um baralho, pois sabia que ele amava jogar truco. Lembro que pessoas próximas diziam que, por causa do seu estado, ele não conseguiria jogar "de jeito nenhum". Para quem não conhece, truco é um jogo complexo, de blefes, tipo um pôquer de bar, que exige malandragem e esperteza. Quando se quer desafiar o adversário para ver se ele corre, grita-se "truco!", e isso significa triplicar o valor da jogada. Nessa hora, ou ele foge ou pode devolver o desafio gritando "seis!", normalmente acompanhado de um xingamento como ladrão, por exemplo. É um jogo de técnica, tática, esperteza e... bastante gritaria. Como você pode perceber, tanto pelo linguajar quanto pelo volume com que se profere as palavras, não se trata exatamente de um jogo para o ambiente hospitalar. No entanto, aquele Copag azul causou um grande impacto na nossa relação e na nossa história. Quando meu pai pegava o baralho acontecia uma mágica e ele parecia ter recuperado a lucidez. Jogava como sempre jogou. Com rapidez e ótima capacidade de raciocínio. Lembro da surpresa e empolgação dos meus filhos. Quando jogávamos parecia que ele jamais tinha ficado doente e eu sabia que naqueles momentos ele estava totalmente conectado comigo, no aqui e agora, e sim, no hospital, com pneumonia, com avental – e o não vestido de mandalas azuis.

    Era espantoso como sua lucidez parecia ter sido despertada e se mantinha até algum tempo depois que jogávamos. Truco passou a ser a nossa principal atividade e meio de conexão. Mas, infelizmente, os efeitos do baralho eram restritos ao campo da magia, e não dos milagres. Meu pai foi gradualmente piorando e teve que ir para a UTI. Ele já quase não falava mais conosco, tamanha a sua fraqueza e debilidade. Só podíamos entrar um de cada vez para vê-lo, e em poucos horários. Em um desses dias, eu estava ali ao lado dele, o médico se aproximou determinado e me disse a temida frase: "Você precisa se despedir do seu pai". Seu tom era grave e carregava urgência. Difícil dizer o que senti. Na verdade, já estava me despedindo do meu pai desde o dia que entramos no hospital. A realidade me falava todo dia aquela frase. Mas ali, com meu pai naquele estado, só nós dois entre as cortininhas que separavam uma cama da outra, eu caí em mim. Ou talvez tenha sido a realidade que despencou. Perplexo, sem saber o que fazer, o que pensar, o que falar, e tomado de urgência de sair para que minha mãe entrasse, apenas me aproximei dos seus ouvidos e, instintivamente, disse: "Truco". Muito emocionado, dei alguns passos para trás e quando fui fechar a cortina, pensei ter visto um movimento sutil do seu dedinho, como se ele estivesse me chamando. Por um instante supus que pudesse ser um espasmo, mas preferi achar o contrário. Voltei para perto dele e percebi um levíssimo mover em seus lábios. Não, não era espasmo. Ele tinha mesmo me chamado. Me abaixei e encostei meu ouvido junto à sua boca. E então escutei um fiozinho de voz me dizer: "Seis, ladrão".

Foram as últimas palavras que meu pai me disse. Depois disso, ainda o vi umas duas vezes, mas ele já não estava mais acordado. A vida e suas surpresas. Se eu contar para qualquer pessoa que a última palavra que meu pai me falou foi "ladrão", dificilmente ela conseguirá supor que aquela era a palavra mais lúcida e mais amorosa que ele poderia ter me dito em sua despedida.

36 | Janelas, frestas, portas, palavras; é preciso correr o risco

Este livro começou em uma janela que, aberta entre mim e um taxista desconhecido, permitiu que revelássemos um ao outro um pouco da nossa humanidade. Não sabia que o livro ia começar assim, mas foi assim que ele começou. E a janela aberta, que alterou a rota de colisão em que eu e o motorista nos encontrávamos, me fez refletir sobre o quanto de armaduras a gente coloca em cima de nós para sobreviver ao medo de não sermos aceitos e amados. Se não acolhermos nossa imperfeição, como podemos igualmente tolerar a imperfeição do outro ou não sucumbirmos sempre que nos sentirmos abalroados por aquilo que nele achamos perfeito? Como lidar com a nossa insegurança se não nos olharmos e nos acolhermos verdadeiramente uns aos outros? Estávamos ali, de repente, o taxista e eu. Dois desconhecidos que, em um brevíssimo instante de suas vidas, se abriram sobre seus sentimentos, medos e profundas necessidades. "O que a gente vai fazer quando não aguentar mais trabalhar?", ele me perguntou, querendo dizer: "Estou cansado, preciso de descanso e tranquilidade". Entre nós dois, uma janela. Se estivesse fechada, permitiria que nós apenas nos olhássemos, mas, uma vez aberta, possibilitou que nos víssemos. É um exercício.

Assim como não deveríamos acreditar que basta ouvir para escutar, também seria bom se nos questionássemos sobre o quanto estamos nos olhando através das transparências ilusórias dos vidros ou nos vendo pela transparência possível do olhar. Olhamos tudo com tanta clareza que já não estamos vendo mais nada. A rotina é uma espécie de redoma de vidro que normaliza a forma como vemos o mundo. A rotina de ouvir, de fazer, de sentir. A rotina de viver o que nos permitimos viver. É preciso abrir a janela. Sairmos de trás das lentes e filtros para podermos enxergar as frestas. Buraquinhos que o palhaço brasileiro no distante Sudão do Sul conseguiu distinguir na paisagem. O pequeno espaço que permitiu que a sua humanidade tocasse a humanidade do outro. O taxista e eu, uma criança e o palhaço. É preciso ter "olhos de ver o Sudão do Sul" para revermos a nossa casa, nós mesmos, o outro. Quebrar transparências para enxergar frestas.

E era justamente sobre frestas que estava escrevendo quando uma pandemia chegou rompendo a transparência de todas as rotinas. Quem estava preparado para ela? Eu, que escrevia sobre janelas e frestas, passei a ver o mundo somente a partir delas. Aqui em casa nós nos voltamos para nós mesmos. Muitas conversas, muito acolhimento, muitas explosões de humores represados. Janelas e frestas para nos vermos, nos tocarmos. Materializamos o novo contato com muitas negociações. A limpeza da casa, a comida, a louça, a divisão dos espaços. E, literalmente no meio de tudo, eu escrevendo este livro.

A porta de casa ainda não tinha sido aberta quando cheguei na porta que separava Jo Berry de Pat Magge. O temor e o tremor das mãos dela enquanto segurava a maçaneta que poderia alterar seu destino. Eu não sabia que ia falar de portas, mas elas estavam ali, bem na minha frente. A porta de casa fechada, como continua até agora. A porta de Jo Berry, na tela do meu computador, aberta para que Pat entrasse, mudando sua vida.

Chuva, sol, detergente, cebola. Abraço, briga, conversa, luva. Máscara, pano, cândida, rodo. Live, home-office, webinar, call.

O tempo passou. Estou há muito tempo em quarentena. E, enquanto ainda procuro descobrir como todas as plataformas de encontros virtuais podem se revelar como janelas, frestas e portas, chego ao fim do livro falando dela, a *palavra*. Palavra que condensa universos, que nomeia o que sinto, identifica o que preciso e dá voz ao meu pedido. Pedido – palavra – que me transmite ao outro.

A comunicação não violenta é uma jornada. É janela para vermos o outro. Fresta para podermos tocá-lo. Porta para que ele entre em nossa casa. Palavras para que entre em nosso mundo.

Truco, pai! Seis, ladrão!

Não achei que ia falar de janelas quando iniciei este livro. Também não achei que ia falar de frestas, portas e palavras. A jornada de escrever um livro é a jornada de quem busca conexão com o outro, sempre desconhecido. Como ousaram fazer as mulheres de Wajir. Como tentamos nós, com nossos filhos, parceiros, vizinhos. O caminho não existe, é preciso inventá-lo. Entre um ponto e outro existe apenas o espaço vazio. Para conectá-los é preciso fazer um traço. E para fazer um traço, precisamos correr o risco.

Agradecimentos

Este livro é fruto de muita conversa, troca e aprendizado com pessoas queridas que amo e admiro.

Ana Paula Peron, parceira e mestra, sempre generosa em transmitir tudo que sabe. Pedro Limeira, com seu olhar preciso e palavra sempre autêntica. Carolina Nalon, querida amiga, especialista em CNV e gentil conselheira.

Minha filha Luiza e meu filho Rafael, responsáveis por várias sugestões e edições no meu texto. Minha esposa Christina, que sempre abre portas secretas quando me sinto sem saída.

Agradeço também a Bianca, Sofia e Vinicius, e Chris (de novo) por terem assumido várias das minhas tarefas aqui de casa durante a quarentena para que eu pudesse me dedicar a escrever este livro.

Leia também:

Se de médico e louco todo mundo tem um pouco, de psicanalista e palhaço todo mundo tem um pedaço. Christian Dunker e Cláudio Thebas abordam neste livro, com bom humor e profundidade, um tema comum para ambos os ofícios: como escutar os outros? Como escutar a si mesmo? E como a escuta pode transformar pessoas?

Mesclando experiências, testemunhos, casos e reflexões filosóficas, os autores compartilham o que aprenderam sobre a arte da escuta, um tema tão urgente no mundo atual, onde ninguém mais se escuta.

Outros títulos do selo Paidós:

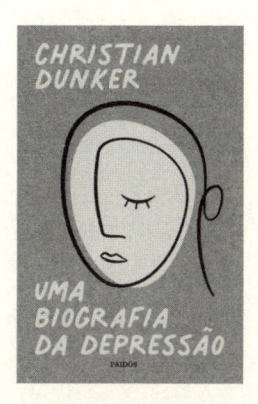

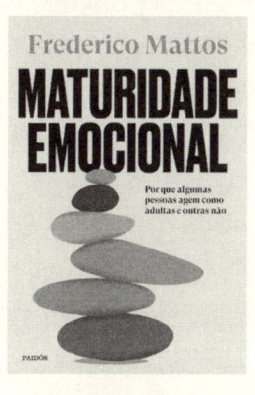

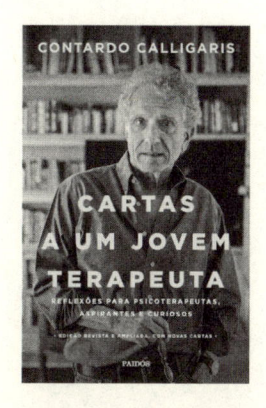

- *Uma biografia da depressão* — Christian Dunker
- *Cartas a um jovem terapeuta: Reflexões para psicoterapeutas, aspirantes e curiosos* (Edição revista e ampliada, com novas cartas) — Contardo Calligaris
- *Maturidade emocional: Por que algumas pessoas agem como adultas e outras não* — Frederico Mattos
- *Autoestima como hábito: Um guia da Psicologia Aplicada para sua autoestima e seus relacionamentos* — Gislene Isquierdo
- *O amor não dói* — Anahy D'Amico
- *Cartas de um terapeuta para seus momentos de crise* — Alexandre Coimbra Amaral

**Acreditamos
nos livros**

Este livro foi composto em Adobe Garamond Pro
e impresso pela Lis Gráfica para a
Editora Planeta do Brasil em fevereiro de 2025.